70118785

LA PHILOSOPHIE ISLAMIQUE

BIBLIOTHÈQUE D'HISTOIRE DE LA PHILOSOPHIE

Fondateur : Henri GOUHIER   Directeur : Emmanuel CATTIN

Ulrich **RUDOLPH**

LA PHILOSOPHIE ISLAMIQUE

Des commencements à nos jours

Traduit par
Véronique DECAIX

*Ouvrage publié avec le concours du Goethe-Institut
dans le cadre du programme franco-allemand de coopération
avec la Maison des sciences de l'homme*

PARIS
LIBRAIRIE PHILOSOPHIQUE J. VRIN
6, Place de la Sorbonne, V ^{e}

2015

Ulrich Rudolph, *Islamische Philosophie.*
Von den Anfängen bis zur Gegenwart, München,
Verlag C. H. Beck, troisième édition, 2013.

© *Librairie Philosophique J. VRIN*, 2014

Imprimé en France

ISSN 0249-7980

ISBN 978-2-7116-2593-2

www.vrin.fr

À Jean Jolivet

PRÉFACE DE LA TRADUCTION FRANÇAISE

Ce petit livre entend donner une vue d'ensemble de l'histoire de la philosophie dans le monde islamique. Il va de soi que cette synthèse ne peut qu'être brève et superficielle, ce qui ne tient pas seulement à la taille de ce livre, mais plutôt au fait que ce domaine n'a jusqu'à présent été exploré que de manière incomplète et lacunaire. Cela vaut surtout pour la période du XIIIᵉ au XXᵉ siècle. Si elle a bien suscité un intérêt croissant ces dernières années, la recherche, hormis sur certains sujets, ne se trouve encore qu'à ses débuts. Il s'ensuit que la présentation de la philosophie de cette période ne peut offrir que quelques impressions provisoires.

Ce livre a été publié pour la première fois en allemand en 2004, et réimprimé en 2008. En 2013, il est paru dans une version augmentée. Sa traduction française a été rendue possible grâce à l'engagement de plusieurs personnes : Ruedi Imbach a proposé sa publication aux éditions Vrin qui ont bien voulu l'accepter dans leur programme, Véronique Decaix en a assuré la traduction, et Nicolas Hintermann a efficacement soutenu le travail de la traduction.

Je dois des remerciements particuliers à Jean Jolivet. Il y a bien des années, au début de ma carrière, il m'a généreusement soutenu et accompagné, et il suit depuis mon travail avec intérêt. Avec ma gratitude pour sa confiance, je lui dédie ce livre.

Zurich, le 14 juin 2014,
Ulrich RUDOLPH

PRÉFACE

Lorsqu'on évoque aujourd'hui le monde islamique, on l'associe aussitôt à des tendances rétrogrades. « Foi aveugle en l'écriture » et « obscurantisme » sont les maîtres mots. La rationalité, voire la philosophie n'ont apparemment aucune place dans ce tableau. Toutefois, ce même monde islamique a été perçu, il y a peu de temps encore, de manière radicalement différente. Il était alors fréquemment question de culture, de philosophie, d'Avicenne et d'Averroès, et par conséquent d'une tradition qui ne saurait être comprise autrement que comme l'avènement de la rationalité la plus haute.

Le but de ce livre est de comprendre cette tradition et de tracer les étapes de son développement. Ce projet peut certes sembler tout à fait réalisable, mais sa mise en œuvre demeure délicate. En effet, si nous disposons aujourd'hui de nombreuses études qui portent sur des thèmes ou des positions philosophiques particuliers, nous sommes bien loin de posséder une vue d'ensemble, comparable aux connaissances dont nous disposons sur la philosophie antique ou sur la philosophie moderne européenne.

La raison de ce manque tient aux spécificités de l'histoire de la recherche, qui se caractérise depuis longtemps par le fait qu'elle ne considère pas la philosophie islamique comme un objet digne d'intérêt. On estime bien plus essentielle la contribution que les musulmans ont apportée à l'histoire intellectuelle européenne. On leur concède un rôle de médiateurs. En définitive, les musulmans avaient conservé l'héritage antique grâce à leurs traductions du grec à l'arabe (à partir du VIIIe siècle), et ils l'avaient ensuite transmis au Moyen Âge latin (à partir du XIIIe siècle). Cette perspective a déterminé les intérêts des chercheurs jusqu'au milieu du XXe siècle. C'est pourquoi la recherche s'est concentrée plus particulièrement sur la période du IXe au XIIe siècle, et sur les auteurs (al-Kindī, al-Fārābī, Avicenne et Averroès) susceptibles d'apporter des éclaircissements sur le Moyen Âge européen. De ce point de vue, tout ce qui s'est passé ensuite dans le monde islamique n'est pas jugé digne d'intérêt, et n'a pas, par conséquent, suscité la curiosité scientifique. La plupart des chercheurs allaient même jusqu'à partager l'idée (en raison de la reconquête de l'Espagne par les chrétiens, et en raison des critiques formulées par al-Ġazālī) que la philosophie aurait totalement disparu de la sphère culturelle islamique dès le XIIIe siècle.

Or, cette conception a été progressivement remise en question depuis le milieu du XXe siècle. C'est à la compétence d'Henri Corbin que l'on doit la réévaluation de l'histoire de la philosophie islamique. Celle-ci concerne plus particulièrement la période postérieure à 1200, que Corbin ne conçoit absolument pas comme annonciatrice d'une dégénérescence ou d'un déclin. Bien au contraire, il considère précisément cette période comme celle où les auteurs islamiques se sont enfin réappropriés leur destinée. À partir de ce moment, ils se sont libérés du joug de la pensée grecque et ils ont trouvé des concepts adaptés à leurs buts. En ce sens, Corbin pense que la philosophie s'est transformée en une sagesse, mélangeant des éléments issus de la mystique, des idées chiites et une théosophie typiquement orientale. Selon son interprétation, le théâtre de cette évolution est l'Iran qui pouvait en tout cas revendiquer une ancienne tradition spéculative (interprétée par Corbin comme l'arrière-fond déterminant de la pensée chiite). Par conséquent, une spiritualité intellectuelle a pu se constituer en Iran, et cette dernière peut être considérée comme la véritable philosophie « islamique ».

Les thèses de Corbin mettaient en question de nombreuses fausses certitudes. Elles ouvraient un nouveau chemin à la recherche en la libérant de sa traditionnelle fixation sur l'histoire intellectuelle européenne. Cependant, le prix à payer pour l'élargissement de cet horizon était élevé. En effet, l'approche de Corbin ne faisait pas qu'entrevoir de nouvelles perspectives, elle rétrécissait en même temps le point de vue. Sa vision d'une philosophie et d'une spiritualité spécifiquement « islamiques » remplace en effet l'ancienne perspective eurocentrée par une autre : le mythe historique de l'orient. En outre, elle se satisfait de l'abandon d'un concept explicite de philosophie.

Par conséquent, la recherche récente emprunte d'autres voies. Elle postule également que la philosophie a continué d'exister dans le monde islamique après 1200, mais elle ne la conçoit pas en rupture avec les penseurs antérieurs. De nombreux éléments plaident plutôt en faveur de la continuité des traditions doctrinales de cette époque avec les précédentes, dont elles se réclament. La philosophie est toujours comprise comme une science rationnelle, centrée autour de la question de la structure et des rapports universels entre la pensée, l'être et l'action. Ceci est attesté pour le XIIIᵉ siècle, et il semble que l'on puisse supposer la même évolution pour la période suivante. La philosophie perdure à l'évidence depuis des siècles, et elle s'étend des contrées les plus reculées du monde islamique jusqu'à aujourd'hui.

PRÉFACE À LA TROISIÈME ÉDITION

Dans la préface à la première édition, j'avais indiqué que ma présentation en plusieurs volumes de la *Philosophie in der islamischen Welt* (*La Philosophie dans le monde islamique*) était prévue dans la collection *Grundriss der Geschichte der Philosophie (Ueberweg)*. Ce projet s'est entre-temps concrétisé : le volume 1, qui retrace l'évolution du VIIIᵉ au Xᵉ siècle, est paru en 2012. Le volume 2 (XIᵉ-XIIᵉ siècles), qui traite également des auteurs juifs et chrétiens du monde islamique, est actuellement en cours d'élaboration. Après sa parution, les volumes 3 (XIII-XVIIIᵉ siècles) et 4 (XIXᵉ-XXᵉ siècles) seront achevés en même temps.

En comparaison des développements détaillés que permettent les *Grundriss*, ce présent livre ne peut donner qu'une brève vue d'ensemble. Toutefois, il convient ici d'insister sur le fait que ces indications sommaires sont éminemment redevables des discussions que j'ai eues avec les collaborateurs des *Grundriss*. Je tiens à remercier tous les collègues, en particulier Ulrich Nolte des éditions C. H. Beck, qui s'est aussi patiemment chargé de cette troisième édition.

CHAPITRE PREMIER

LA RÉCEPTION DES SCIENCES DE L'ANTIQUITÉ

Les commencements de la philosophie dans le monde islamique remontent au IXe siècle. À cette époque apparaissent les premiers textes arabes qui, par leur thématique, par la méthode employée et par l'intérêt théorique de leurs auteurs, peuvent être à juste titre considérés comme des œuvres philosophiques. Les conditions préalables à cette évolution avaient déjà été réunies. En effet, l'apparition de la philosophie n'est pas un événement inattendu et isolé, elle s'explique davantage comme partie prenante d'un progrès intellectuel plus global, dans le cadre duquel les sciences pratiquées sous l'Antiquité ont pénétré le monde islamique. Dans ce cadre, elles ont été un objet de réflexion et ont trouvé des développements ultérieurs et originaux.

Ce processus de réception a déjà commencé au milieu du VIIIe siècle. Au fond, on pourrait même en retrouver les racines au milieu du VIIe siècle. Lorsque les musulmans ont conquis les vastes contrées de l'Empire byzantin, quand ils se sont emparés des territoires sassanides, ils sont entrés en contact avec des personnes qui parlent d'autres langues (grec, moyen perse, syriaque) et qui détiennent un héritage culturel différent (hellénistique, iranien, chrétien, etc.). Au milieu du VIIIᵉ siècle, ces contacts, dans un premier temps sporadiques, connaissent une transformation qualitative. Dès lors, on ne se limite plus à entretenir l'échange oralement, par des rencontres ponctuelles, l'enjeu devient d'exploiter l'héritage antique de manière systématique en traduisant des textes entiers du grec (et en partie également du moyen perse et du syriaque) en langue arabe. Ainsi commence la grande entreprise de traduction qui va durer jusqu'à la seconde moitié du Xᵉ siècle, et dont le résultat sera de rendre disponible la quasi-totalité de la littérature scientifique de l'Antiquité en arabe : la philosophie, la médecine et la pharmacologie, les mathématiques (incluant l'optique), la mécanique, l'astronomie, l'astrologie et la théorie de la musique, l'histoire naturelle, l'agriculture, les sciences occultes.

On a beaucoup discuté sur les raisons de cette surprenante activité. Pendant longtemps, une tendance a prévalu pour expliquer ce processus global de traduction. Elle en justifiait l'origine par des circonstances historiques particulières (par exemple, l'activité médiatrice des chrétiens syriens), ou par l'intérêt et le dynamisme d'un calife particulier (par exemple, al-Ma'mūn qui régna entre 813 et 833). Cependant, il doit à présent apparaître clairement que ce mouvement a duré trop longtemps et qu'il a été relayé beaucoup trop largement dans la société pour pouvoir être simplement expliqué par un modèle monocausal. Il semble plus probable que ce progrès procède par un ensemble de causes du côté des principaux intéressés qui ont contribué, soit les uns après les autres, soit les uns avec les autres, à son émergence et à sa réussite durable.

L'un de ces facteurs réside certainement dans les intérêts pratiques des nouveaux souverains, et plus précisément de la nouvelle société. En effet, les musulmans doivent faire face à nombre de tâches qu'ils ne peuvent effectuer avec les connaissances et les instruments de leur époque. Par exemple, pour pouvoir compter les impôts d'un immense empire, il faut des compétences en mathématique, pour constituer un système de santé publique, on a besoin de spécialistes en médecine, et pour améliorer la culture des denrées alimentaires, de connaissances en agriculture. Et même l'exercice de la religion présuppose des connaissances profanes. Par exemple, l'astronomie et la géodésie sont nécessaires pour orienter toutes les villes de l'empire en direction de la Mecque pour la prière. C'est pourquoi on a cherché les moyens d'acquérir de manière rapide et fiable de telles connaissances, et dans ce but, les exposés scientifiques et les manuels antiques apparaissent comme les sources toutes désignées.

À cela s'ajoute le fait que l'image que les califes abbassides, – qui règnent sur le monde islamique depuis le VIIIᵉ siècle –, se sont faite d'eux-mêmes a favorisé l'assimilation de l'héritage antique. Les faits en témoignent : à partir du moment où leur dynastie (750-1258) a remplacé celle des Omeyyades (661-750), les entreprises de traduction ont connu un essor décisif. À l'inverse de leurs prédécesseurs, les Abbassides ne se considèrent pas comme les chefs de file d'une élite arabo-islamique, leurs prétentions sont bien plus vastes : ils veulent être les souverains légitimes des musulmans, et de toutes les cultures qu'ils représentent. C'est pourquoi ils fondèrent Bagdad, la nouvelle capitale, à proximité des anciens centres sassanides. Ceci justifie également leur discours officiel où ils proclament que seuls les califes (et aucun autre souverain non-musulman) sont les véritables gardiens de la tradition iranienne, tout comme de la transmission grecque. Par conséquent, les Abbassides ont conféré, dans le cadre de leur « politique culturelle », un statut spécial à l'héritage antique, et ils ont mis un soin particulier, grâce aux traductions arabes, à son introduction dans la nouvelle société.

Pour finir, ce processus de réception et d'appropriation culturelle comporte sa propre dynamique interne. En effet, chaque savoir assimilé ne fait pas que résoudre des problèmes, il soulève plutôt de nouvelles questions. Si on connaît les mathématiques appliquées, on veut en apprendre également les fondements théoriques. Si on a appris à observer les étoiles avec des instruments astronomiques, ces observations amènent à se demander si de telles connaissances relèvent de l'astronomie, de la cosmologie ou seulement d'une théorie générale de la physique. De plus, il ne faut pas oublier qu'à l'époque dont il est question, les sciences édifiées sur des fondements antiques ne sont pas les seules à être l'objet de découvertes et d'approfondissements. Au VIIIe siècle, des disciplines proprement islamiques (le droit, la théologie, l'exégèse coranique, etc.) commencent à se développer. Leurs acteurs se posent aussi la question légitime de savoir s'ils ne pourraient pas trouver dans les textes de l'Antiquité des conseils de méthode (dans la dialectique, la logique, etc.) ou des sources pour leurs propres conceptions théoriques (au sujet de la nature ou de la structure de la création).

Tout ceci a contribué à ce que l'activité de traduction gréco-arabe rencontre un large écho et se transforme en un processus culturel véritablement fécond. Ce dernier dure plus de deux siècles et met à la disposition de cette société, en proie à une évolution et une mutation rapides, un nombre de connaissances en augmentation constante. Ce savoir a été assimilé, repensé sur le plan théorique, et réutilisé dans la pratique. Mais il ne faut cependant pas réduire le rôle des musulmans à celui d'une réception purement passive. Ils développèrent rapidement leurs propres problématiques dans les divers domaines du savoir – et c'est ainsi que l'on arrive au commencement de la philosophie dans le monde islamique.

Chapitre II

PREMIER PROJET : ABŪ YŪSUF AL-KINDĪ

Ces commencements sont indissociablement liés au nom d'Abū Yūsuf al-Kindī (ca. 800-ca. 865). Ses contemporains le surnommaient déjà le « Philosophe des Arabes », ce qui souligne bien le rôle déterminant qu'il a joué dans la fondation de la philosophie en langue arabe. En tout cas, al-Kindī est une personnalité exceptionnelle. Les sources relatent à chaque fois la vie privilégiée qu'il a menée. Issu d'une famille influente du sud de la péninsule arabe, il étudie d'abord à Kūfa (où son père exerce en tant que gouverneur), puis à Bassora, il passe pour finir de nombreuses années de sa vie à la cour du calife de Bagdad (incluant un petit épisode pendant lequel il serait vraisemblablement tombé en disgrâce).

Habiter dans la capitale présente l'avantage qu'al-Kindī a pu directement assister au progrès rapide des diverses sciences. Il reçoit tout ce qui a été traduit dans la capitale et réinvestit ensuite les nouveaux thèmes dans ses écrits personnels. Ainsi se constitue une œuvre d'envergure scientifique considérable : des traités d'astronomie et d'astrologie, d'optique et de mathématiques, de musique et de médecine, de phonétique et d'alchimie, des textes dont les dédicaces ont été adressées aux divers représentants de la nouvelle culture (à des califes, à des médecins, mais aussi à des poètes). C'est pourquoi on a pu qualifier al-Kindī de savant universel. Ses intérêts concernent toutes les sciences transmises de l'Antiquité à son époque, et il s'engage pleinement dans leur conservation et dans leur développement dans le monde islamique. Pour cette raison, il est légitime de qualifier al-Kindī de philosophe. En effet – même si son œuvre est très ample –, elle est gouvernée par la philosophie, en particulier sur deux aspects. Au sens large d'abord, parce qu'il considère, comme la tradition aristotélicienne dans son ensemble, la plupart des disciplines qu'il pratique comme les parties intégrantes de la philosophie. Au sens strict ensuite, dans la mesure où al-Kindī a parachevé son œuvre de quelques traités explicitement consacrés à des thèmes philosophiques, et dont la fonction est de donner à ses diverses études scientifiques une orientation et une finalité d'ensemble.

Afin d'écrire ces textes, il avait absolument besoin de connaissances philosophiques. Au moment où il arrive à Bagdad (c'est-à-dire avant 830), il n'est vraiment pas facile de les obtenir : en effet, il n'y a, à cette époque, que très peu de textes traduits en arabe (vraisemblablement juste un peu d'éthique populaire, de logique élémentaire, ainsi que certaines parties de la philosophie naturelle aristotélicienne). La priorité d'al-Kindī a été d'accroître les sources de sa pensée. Pour ce faire, il y avait à la cour du calife plusieurs traducteurs, chargés de lui fournir des livres supplémentaires et de les traduire en arabe. Il est impossible de reconstruire en détail tout ce qui a été ainsi traduit jusqu'au milieu du IXe siècle, mais il est possible de faire état avec quelque certitude des textes, ou plutôt des groupes de textes, qui ont rencontré un intérêt majeur à l'époque, et qui ont été étudiés avec un soin plus particulier. Les écrits de philosophie naturelle d'Aristote en font partie, du moins ceux inconnus auparavant, à savoir les *Météorologiques*, le *Traité du ciel* et *De l'âme*. À ceux-ci s'ajoutent des paraphrases des œuvres de Platon, certainement le *Timée* et *Le Banquet*, et peut-être d'autres dialogues, comme le *Phédon* et le *Sophiste*. Sur ce point, al-Kindī avait surtout connaissance des textes de l'Antiquité tardive. Il faut alors considérer une réception assez large qui s'étend des premiers commentateurs d'Aristote (comme Alexandre d'Aphrodise) jusqu'à leurs successeurs chrétiens plus tardifs (par exemple, Jean Philopon). Dans ce contexte, les auteurs néoplatoniciens sont toutefois prépondérants, en particulier Plotin et Proclus qui ont durablement influencé al-Kindī. Cependant, il faut préciser qu'il n'a pas connu leurs œuvres dans leur version originale, car il ne possédait pas les traductions arabes de leurs ouvrages grecs. Dans les faits, il s'agit d'adaptations et de paraphrases, dont l'origine reste encore incertaine aujourd'hui, qui interprètent des parties des *Ennéades* et des *Éléments de théologie* en accord avec le créationnisme et le monothéisme, et qui, de plus, l'attribuent faussement à Aristote (par exemple : la célèbre *Théologie d'Aristote*, le *Livre des causes* / *Liber de causis*, et bien d'autres encore).

Al-Kindī a activement participé à la réalisation de ce vaste processus de traduction. Il n'a pas seulement choisi les différents textes à traduire, il a également apporté des corrections à la langue des traductions qu'on lui soumettait. C'est à lui que l'on doit le mérite de la constitution d'un vocabulaire philosophique précis en langue arabe. Son œuvre, *Les définitions des choses et leurs descriptions*, constitue la première tentative de rassembler et de normaliser le nouveau vocabulaire scientifique, employé en correspondance littérale avec des termes grecs. Cependant, al-Kindī n'a pas simplement été l'instigateur et le bénéficiaire de l'intense activité de traduction qui se déroulait autour de lui. Il en a peut-être été aussi la victime. En effet, pendant qu'il travaillait à ses propres œuvres philosophiques, les fondements de sa pensée se modifiaient en permanence. De nouveaux textes, contenant d'autres problèmes et d'autres possibilités de solution, étaient constamment disponibles, si bien qu'il a été contraint de modifier à plusieurs reprises ses conceptions, et de les compléter avec des propositions indisponibles jusqu'alors.

Cet aspect se remarque particulièrement dans l'ouvrage, qui peut être considéré comme son œuvre majeure, et comme un traité important de métaphysique : *La philosophie première*. Dans la version qui nous a été transmise, il se compose de quatre parties très hétérogènes par leur thématique et leur arrière-fond philosophique. Le premier chapitre a pour fonction de positionner le cadre de l'enquête. Al-Kindī y définit le rôle du philosophe, dont la vocation est la quête de la vérité, c'est-à-dire la recherche des causes de la forme, de la matière, du mouvement et de la finalité des choses. Ceci renvoie de manière évidente à la *Métaphysique* d'Aristote qu'il utilise abondamment dans son texte et qu'il cite parfois même de manière littérale. Cependant, la perspective change dans la deuxième partie. Il y est question de la thèse selon laquelle notre monde n'est pas constitué d'une extension infinie, mais d'une grandeur finie. Ceci est postulé premièrement de la dimension de l'espace. À ce sujet, il se réfère de nouveau à Aristote, qui traite en particulier de ce problème dans l'introduction du *Traité du ciel*. Mais al-Kindī fait un pas supplémentaire en expliquant que notre monde possède une fin dans le temps, ce qui implique qu'il a également un commencement temporel. Cette thèse contredit la conception du Stagirite, c'est pourquoi, al-Kindī tire ses arguments de Jean Philopon. Dans la troisième partie, l'enjeu est de démontrer l'existence de Dieu. En ce sens, un argument fondamental consiste à remonter de la pluralité des choses sensibles pour déduire l'existence de l'un primordial. Mais cette position montre que le fondement de sa pensée s'est de nouveau modifié, dans la mesure où ses explications ne correspondent ni à Aristote ni à Philopon, mais plutôt aux textes du néoplatonicien Proclus. Proclus est également l'auteur dont la pensée accompagne le quatrième chapitre de l'ouvrage. Dans ce dernier, al-Kindī tente de décrire Dieu, et il développe une théologie négative qui se place sous la bannière du néoplatonisme tardif. Or ce chapitre ne clôt pas l'ouvrage, car on trouve à la toute fin un dernier revirement théorique. À présent, il est question de ce Dieu éloigné et inconnaissable, qui n'a pas causé notre monde de toute éternité, mais qui l'a créé dans le temps à partir de rien. On y reconnaît en définitive le dogme religieux de la création *ex nihilo*.

Toutes ces démonstrations témoignent de la virtuosité avec laquelle al-Kindī utilise ses sources. Il s'efforce (comme de nombreux auteurs chrétiens de l'Antiquité tardive avant lui) de concilier le plus de concepts philosophiques et de stratégies argumentatives possibles avec ses convictions religieuses personnelles. Cette tendance est valable pour son œuvre métaphysique majeure, mais elle vaut aussi pour ses écrits plus courts. Ils lui donnent l'occasion d'aborder les questions spécifiques à d'autres domaines de la philosophie (la physique, la psychologie, l'éthique) et d'exposer à chaque fois sa conception.

Lorsqu'il s'agit de thèmes relevant de la philosophie naturelle, sa position est en tout point aristotélicienne. C'est ce dont témoignent des traités tels que : *La cause agente de la génération et de la corruption, Exposition de la distinction de la nature des sphères célestes et des quatre éléments* largement inspirés *De la génération et la corruption* et du *Traité du ciel* d'Aristote. Il en va différemment dans le cas des questions de psychologie et d'éthique, où al-Kindī se range explicitement du côté du platonisme. Les éléments constitutifs de sa conception reflètent les divers courants de pensée inhérents au platonisme (la tradition hermétique du moyen platonisme, une interprétation platonisante du traité *De l'âme* provenant de l'Antiquité tardive, ou le néoplatonisme arabe de la *Théologie d'Aristote*).

En dépit de cette dette envers les modèles antérieurs, al-Kindī a également trouvé la voie vers ses propres concepts. Ceci apparaît clairement dans un traité de quelques pages seulement. Il s'agit de l'ouvrage bref – mais ô combien influent : *De l'intellect*, qui traite encore d'un problème classique issu de la tradition de l'école aristotélicienne. Dans ce texte, il apparaît clairement qu'al-Kindī ne s'est pas contenté d'user habilement des théories qui lui ont été transmises, mais qu'il a apporté des contributions originales à la philosophie.

Le problème qui y est débattu est bien connu : il s'agit de déterminer ce qu'Aristote a bien pu vouloir dire lorsqu'il a introduit la distinction entre l'intellect agent et l'intellect possible dans son *Traité de l'âme*, III, 5. Sur ce sujet, les commentateurs de la philosophie antique, comme Alexandre d'Aphrodise, Thémistius et Jean Philopon, s'étaient déjà penchés, sans jamais parvenir à un consensus. Al-Kindī connaissait leurs tentatives de solution, mais il choisit sa propre voie pour interpréter les énoncés d'Aristote. Pour ce faire, il opère deux changements d'orientation, qui ont perduré dans l'ensemble des discussions ultérieures sur cette question. Premièrement, il interprète l'intellect agent du traité *De l'âme* à la lumière du néoplatonisme. Selon lui, l'intellect agent renvoie à la cause et au principe universel de tous les intellects, ce qui préfigure déjà l'hypostase de l'intellect agent que l'on trouve ultérieurement chez al-Fārābī. Deuxièmement, al-Kindī s'est efforcé de décrire le processus de la pensée différemment de ses prédécesseurs. À cette fin, il a été le premier auteur à admettre pour les âmes individuelles une connaissance intellectuelle à trois degrés. Ces trois degrés sont les suivants : l'intellect en puissance, c'est-à-dire la puissance de connaître en l'homme ; l'intellect actualisé ou acquis, qui a assimilé un savoir (par exemple, l'écriture), mais qui ne l'exerce pas actuellement (qui n'est donc pas en ce moment en train d'écrire) ; et pour finir, l'intellect en acte qui exerce actuellement le savoir qu'il s'est approprié et qui, de cette manière, le manifeste à l'extérieur.

Le traité *De l'intellect* a assuré la postérité d'al-Kindī. Il n'a pas seulement été lu par de nombreux auteurs islamiques, il a été également reçu avec grand intérêt dans le Moyen Âge latin. De plus, il ne faut pas oublier une autre thèse d'al-Kindī qui a été attachée à son nom pendant longtemps, du moins dans la sphère culturelle islamique. Il s'agit de sa position à l'égard de la religion, dont la caractéristique est d'affirmer que la connaissance philosophique et la sagesse provenant de la révélation ne reposent pas sur les mêmes fondements épistémologiques, mais qu'elles coexistent indépendamment l'une à côté de l'autre, ou plutôt, qu'en cas de conflit, la religion doit toujours l'emporter.

Nous avons déjà rencontré un exemple illustrant cette position. Il s'agit du fait qu'à la fin de son ouvrage sur la métaphysique, al-Kindī introduit la théorie de la création *ex nihilo* sans plus de justifications, alors même qu'il l'explique de manière détaillée en d'autres endroits. Il y a d'autres exemples de la coexistence des théories religieuses et philosophiques : la croyance en la résurrection des corps (qui entre en contradiction avec la théorie platonicienne de l'âme), son exégèse ingénieuse, bien que ponctuelle du Coran, l'*Exposition de la prosternation du corps extrême*, qui est une interprétation du verset 6 de la sourate 55, ou encore l'aveu que les philosophes ne font toujours qu'approcher la vérité, là où les prophètes acquièrent un savoir parfait et éternel, émanant de Dieu.

En raison de ces déclarations, on a tenté de ramener al-Kindī dans le giron de la théologie islamique. Deux arguments peuvent faire valoir ce rapprochement : premièrement, dans de nombreuses affirmations, on peut déceler une certaine déférence à l'égard du dogme islamique, et deuxièmement, le fait que les théologiens avec lesquels il était en contact à cette époque (en particulier l'école mutazilite) avaient également pour leur part argumenté de manière rationnelle, et s'étaient rapprochés de la pensée philosophique. Ces deux arguments sont exacts, mais il ne faut pas pour autant en déduire leur interdépendance. En effet, malgré la communauté de leurs intérêts et des thèmes traités, al-Kindī et les Mutazilites se séparent sur certains points essentiels au sujet des voies qui mènent à la connaissance. Chaque camp avait sa propre tradition doctrinale, ses propres sources et ses propres modèles. Et chacun avait ses

propres concepts et s'était forgé une méthode spécifique.
C'est pourquoi il n'est pas légitime de considérer al-Kindī
comme un penseur à la limite de la théologie islamique.
C'était un philosophe, et il a été considéré comme tel par ses
contemporains et ses successeurs, – en dépit de cette
particularité d'avoir placé la philosophie au service du dogme
islamique.

... ...

CHAPITRE III

DEUXIÈME PROJET : ABŪ BAKR AL-RĀZĪ

Peu après la mort d'al-Kindī, la nécessité de séparer la philosophie de la théologie est apparue avec évidence dans la sphère culturelle islamique. Bien qu'al-Kindī ait respecté le travail des théologiens, et bien que les théologiens de son temps aient attesté d'une démarche rationnelle en s'intéressant à la dialectique aristotélicienne (les *Topiques*), ainsi qu'à certains concepts de la philosophie naturelle de l'Antiquité, quelques décennies plus tard, la perspective des partis en présence a changé. La distinction des domaines des deux sciences s'est transformée en une mise à distance volontaire qui, un peu plus tard, devient une opposition frontale.

Les raisons de cette évolution sont sédimentées en plusieurs strates, aussi est-il difficile de les résumer ici en quelques lignes. On peut tenir pour certain que le durcissement des positions observé au tournant des IX e et X e siècles provient des partisans des deux camps. Les théologiens, qui connaissaient la manière de composer avec les diverses inspirations théoriques, et même celles héritées de l'Antiquité, ont alors insisté sur la normativité de la tradition islamique.

Telle fut la contribution cruciale d'al-Ašʿarī († 935) et
d'al-Māturīdī († 944). Certes, ils n'interdisaient pas le recours
aux démonstrations rationnelles, mais ils pensaient que
chaque dogme devait être fondé (al-Ašʿarī) ou être conforté
(al-Māturīdī) par le Coran ou par la tradition des prophètes
(la *Sunna*). En ce sens, ils ont modifié les modèles et les
cadres conceptuels dans lesquels la spéculation théologique
se déployait, et ils se sont attachés à mettre au premier
plan une théologie de tradition proprement « sunnite ». À
l'inverse, les philosophes poursuivaient d'autres fins. Ils ont
bénéficié du fait qu'après la mort de Kindī, de nouveaux
textes étaient sans cesse traduits du syriaque, ou du grec, en
arabe. L'amélioration des fondements de leur pensée a également accru les prétentions qui en dérivent. Ils ne se sont plus
limités au postulat que la philosophie doit (au sens de Kindī)
mettre ses arguments et ses modèles explicatifs à la disposition du dogme islamique. Cela signifie qu'à présent la
philosophie doit se libérer de tous les présupposés religieux et
chercher la connaissance absolue de la vérité, en employant
ses propres axiomes et ses propres méthodes.

C'est à cette exigence que s'est attelé Abū Bakr al-Rāzī
(865-925). Il est le premier penseur de la sphère islamique à
avoir défendu, sans aucune réserve, l'autonomie de la philosophie. Rāzī était médecin, et grâce à ce métier, il jouissait
d'une certaine reconnaissance. Ses résultats cliniques sont
célèbres, et ses écrits de médecine ont posé de nouvelles
normes. Ses œuvres ne se limitent pas à résumer les connaissances transmises par les Grecs (et en partie aussi par les
Indiens) sous une forme exemplaire, elles les enrichissent
de nombreuses connaissances, et pour cette raison elles ont
été instituées pendant des siècles comme enseignement
fondamental de la formation médicale. Il en va autrement des

textes rédigés par Rāzī sur des questions philosophiques, car ils n'ont pas rencontré d'écho chez ses contemporains et ne sont pas passés à la postérité. Bien au contraire, ils ont été rejetés de toute part et ils ont provoqué des réactions indignées, ce qui a donné à leur auteur une réputation d'infâme hérétique.

À cause de ce verdict, l'œuvre philosophique de Rāzī a été très mal transmise. De ce qui a été conservé, nous ne possédons que de courts textes et des fragments dont l'authenticité reste, de plus, encore douteuse. C'est pourquoi il faut dans une large mesure se fier aux témoignages d'auteurs plus tardifs, ce qui est particulièrement épineux dans le cas de Rāzī, car tous les auteurs postérieurs ont eu l'intention de réfuter ses affirmations, et de ce fait, ils ont donné une présentation encore plus incisive que ce qu'elle devait être en réalité. Néanmoins, il est possible de reconstruire les linéaments de sa pensée, en gardant à l'esprit les précautions que l'on vient de mentionner. Cela vaut du moins pour les trois domaines qui l'ont particulièrement intéressé : la métaphysique (qui lie la question de la théorie des principes à la cosmologie), la théorie de la connaissance (parmi lesquelles il faut également compter ses opinions sur la prophétie), et pour en finir, ses considérations sur l'éthique qui demeurent ce qui a été le mieux accepté par ses lecteurs. Pour cette raison nous possédons davantage de documents concernant les textes où elles ont été transmises.

L'originalité de la pensée de Rāzī apparaît déjà dans ses considérations métaphysiques, qui commencent par un coup d'éclat. Rāzī soutient, en effet, que l'être créé ne doit pas être reconduit à un seul, mais bien à cinq principes : en plus de Dieu (décrit comme un intellect parfait), quatre autres principes n'ont pas de commencement : le temps, l'espace, l'âme universelle, et une matière sans structure, composée d'atomes. Pour Rāzī, ces principes sont bien séparés à l'origine, et sans connexion. Mais advient alors un évènement déclencheur du processus qui perdure jusqu'à aujourd'hui. L'âme s'efforce d'informer la matière et de s'unir avec elle. À cause de la résistance de la matière, la tentative échoue, aussi Dieu intervient dans ce processus, par compassion pour ces efforts avortés. Il crée notre monde et il permet à l'âme de prendre forme dans un corps. Enfin, il offre aux (particules des) âmes, qui se trouvaient jusqu'alors dans le monde matériel, de participer à son intellect. Grâce à celui-ci, nous pouvons connaître notre origine et notre destinée. En effet, l'intellect nous montre que nos âmes n'appartiennent pas au corps, mais qu'elles doivent retrouver leur origine. Le chemin pour y parvenir passe par la connaissance et l'action droite. Et cela vaut pour chacun d'entre nous, dans la mesure où tous les hommes possèdent les facultés intellectuelles suffisantes pour libérer leur âme. Cette mission est accomplie lorsque le monde créé disparaît et que l'état initial est restauré. Alors l'âme universelle sera rétablie, telle qu'elle était à l'origine, mais enrichie par le fait de savoir que sa destinée n'est pas liée à la matière.

Ce mythe que nous présente Rāzī a fait l'objet de commentaires qui soulignent souvent, et à raison, ses rapports aux théories plus anciennes : le platonisme, ce qui est évident avec le concept du Démiurge et l'explication du chemin de l'âme, l'anti-aristotélisme que l'on trouve dans ses énoncés sur la physique (le temps absolu, l'espace absolu incluant le vide, l'atomisme), et enfin, la proximité avec les spéculations cosmologiques provenant de plusieurs religions de l'Antiquité tardive, à commencer par le manichéisme. Malgré ces réminiscences d'anciennes traditions, ce mythe est au service d'une nouvelle théorie. Car Rāzī reprend bien les concepts susmentionnés, mais avant tout pour s'y opposer et développer ses propres conceptions. Ceci sera particulièrement évident au cours de la démonstration. On peut résumer de la manière suivante ses idées originales : Rāzī accepte concernant les événements du monde trois pôles : un Dieu qui agit par miséricorde et sur la base d'un savoir supérieur, une constellation de conditions physiques indépendantes de Dieu (éternité du temps, de l'espace et de la matière), et finalement, l'âme qui aspire à la perfection et dont l'histoire est en même temps celle du monde et de l'homme.

L'idée que le processus de perfection de l'âme dérive de l'intellect est particulièrement significative. Ceci nous amène à un nouveau sujet, la théorie de la connaissance, qui revêt une place importante dans les réflexions de Rāzī. Sur ce point, il montre également à quel point il est un penseur original. En effet, à la différence de ces prédécesseurs (al-Kindī) ou successeurs (al-Fārābī, Avicenne, Averroès) il ne traite pas de ce problème en prenant pour point de départ les énoncés d'Aristote sur l'intellect agent et l'intellect possible. L'enjeu, pour lui, est de démontrer que chaque homme peut, par le biais de son seul intellect (qui est un don divin), accéder à la connaissance, et par là, légitimer son rôle sur Terre. Cet énoncé n'est pas intégralement optimiste, comme nous allons le voir par la suite, dans la mesure où Rāzī n'élude pas la possibilité de l'échec. Il envisage même la possibilité d'une punition. En effet, celui qui n'emploie pas sa vie à la connaissance (et aux bonnes actions qui en procèdent) encourt la peine de renaître sous la forme d'un vivant inférieur. Dans cette perspective, il reste tout de même la possibilité d'une fin heureuse, dans la mesure où les vivants concernés ont la chance, dans ce nouvel état, de pouvoir racheter leurs fautes et de participer au processus de remontée des âmes. Ainsi, il est établi que tous les hommes peuvent à tout moment exploiter leur potentiel intellectuel et libérer leurs âmes.

Cette conviction doit également être corrélée à des représentations issues de l'Antiquité. Parmi toutes les conceptions cosmologiques antérieures, elle se réfère plus directement au platonisme, ce qui n'est du reste pas très surprenant. Pour finir, Rāzī était également médecin, et en tant que tel, il a étudié avec assiduité les écrits complexes de Galien (dont une centaine était déjà disponible en arabe à la fin du IXᵉ siècle). Or, Galien n'est pas seulement célèbre pour avoir intégré des cours propédeutiques de philosophie à la formation médicale, c'est aussi un partisan du platonisme. L'un des textes qu'il a écrit présente, dans un résumé didactique et savant, un canon de lecture des écrits platoniciens.

Là encore, Rāzī ne s'est pas contenté de reprendre cette tradition sans la modifier, au contraire, il la restitue dans un nouveau contexte. Ce nouveau cadre problématique se caractérise par le fait que la connaissance rationnelle possède une concurrente, à savoir la sagesse, qui renvoie à la révélation divine. Rāzī s'oppose avec virulence à ses prétentions, sur le plan épistémologique. En effet, il est absolument convaincu que le Dieu miséricordieux et juste a donné à tous les hommes la capacité de connaître, et pour cette raison, il est impossible que seules quelques personnes aient reçu accidentellement le savoir exclusif de la révélation. La conséquence logique qu'en déduit Rāzī est qu'il n'y a aucun prophète. Et bien plus, celui qui revendique un don de prophétie (comme Moïse, Jésus ou Mahomet, etc.) ne peut être qu'un imposteur. Il feint de posséder une inspiration dont il ne dispose pas, et il rassemble à sa suite une communauté de prétendus privilégiés, qui n'a rien de mieux à faire que de se quereller avec les autres communautés, qui s'imaginent elles aussi posséder la vérité révélée.

De telles idées ont définitivement fait passer Rāzī aux yeux de ses contemporains pour un hérétique impie, ce qui tient au fait que la société avait pour guide un prophète. Mais ces reproches manquèrent leur cible. L'intention de Rāzī n'était pas de mettre en question l'existence ou l'importance de Dieu. D'après ce que nous avons vu, il envisageait plutôt d'élever Dieu au statut de garant immédiat et unique du salut de tous les hommes. Cette position traverse sa métaphysique et sa théorie de la connaissance, et elle reçoit une nouvelle confirmation, lorsque nous nous tournons vers ses considérations éthiques.

Dans le domaine de l'éthique, les thèses de Rāzī sont, comme on l'a dit, moins surprenantes et moins polémiques. C'est certainement la raison pour laquelle nous avons conservé deux traités sur ce sujet : *La Médecine spirituelle* et *La Conduite philosophique*. Dans le premier texte, il explique la manière dont l'âme peut apprendre la vertu. La maîtrise des passions y joue un rôle tout aussi important que la confiance en la capacité de l'intellect à déterminer le critère décisif de toutes les actions et de tous les plaisirs. Le second texte, que Rāzī a écrit peu avant sa mort, est plus personnel. Dans celui-ci, il se défend contre les critiques qui lui ont reproché d'avoir prêché la vie vertueuse (en particulier la vie ascétique) aux autres, sans s'être lui-même transformé.

La réponse de Rāzī à ces accusations est son concept de « conduite philosophique », comme l'indique le titre. Elle se concentre sur la figure de Socrate, présenté comme l'exemple idéal de l'homme connaissant et vertueux. Or, selon Rāzī,

Socrate a dû, dans un premier temps, acquérir lui aussi ces qualités. En effet, Socrate était considéré comme quelqu'un qui, dans sa jeunesse, était exclusivement tourné vers un mode de vie ascétique et retiré (ce qui correspond à l'interprétation que donnent les Cyniques de ce personnage). Il a dû changer par la suite, car en tant que sage, il a appris à se plier aux différentes exigences qui s'imposent à l'homme (ce qui correspond à l'interprétation platonicienne de Socrate, et au programme philosophique personnel de Rāzī). Voici ces exigences : la quête de la connaissance, l'action droite, la compassion envers les autres, la mesure raisonnable dans l'usage des plaisirs ici et maintenant ou dans l'au-delà, la confiance en un Dieu miséricordieux, et la conviction que nous libérons notre âme par la connaissance et la vertu, et que nous nous acheminons vers une vie bienheureuse après la mort.

CHAPITRE IV

TROISIÈME PROJET : ABŪ NAṢR AL-FĀRĀBĪ

Le programme de Rāzī était audacieux, et il a ouvert à la philosophie de nouvelles perspectives. Si, après Kindī, on lui attribuait encore une fonction instrumentale à l'égard du dogme, on observe l'inversion de cette tendance : la philosophie dépasse à présent la pensée religieuse et suit sa propre voie pour connaître la vérité. Ces deux projets avaient cependant un point commun, car il leur manquait à chacun un fondement méthodiquement démontré à leur conception générale. En effet, ni Kindī ni Rāzī n'ont fourni de concept herméneutique global pour expliquer la spécificité de la philosophie, ou sa relation à d'autres formes de pensée et d'interprétation (la révélation, la théologie, la science du droit, etc.), qui formulent toutes une prétention à la vérité.

Le premier à aborder ces questions fondamentales est Abū Naṣr al-Fārābī (ca. 870-950). Tout comme Rāzī, il prend pour point de départ la supériorité de la philosophie, mais cependant il ne postule pas simplement argumenter cette affirmation, mais de la fonder sur une réflexion précise sur les différentes modalités de la connaissance humaine. Le processus de traduction des œuvres antiques en arabe se poursuit pendant la période d'activité de Fārābī. Il y a lui-même pris part, dans la mesure où il a passé de nombreuses années dans un cercle d'intellectuels à Bagdad (essentiellement composé de chrétiens comme Yūḥannā b. Ḥaylān et Abū Bišr Mattā) qui traduisaient des textes philosophiques (généralement à partir du syriaque), et les discutaient ensemble dans le détail. De même, sa position à l'égard de l'héritage antique n'est pas comparable à celle de ses prédécesseurs. En effet, ces derniers n'avaient à leur disposition que quelques extraits de cette vaste tradition, Kindī connaissait en particulier quelques œuvres aristotéliciennes ou néoplatoniciennes, et Rāzī, l'interprétation de Platon par les médecins. Fārābī a, en revanche, bénéficié d'un point de vue total sur cet héritage, disponible en arabe, qui comprenait un large corpus de textes : pratiquement toutes les œuvres d'Aristote, accompagnées des commentaires d'Alexandre d'Aphrodise, de Porphyre, de Thémistius, d'Ammonius, de Philopon, d'extraits de Platon, transmis dans des abrégés et des compilations de l'Antiquité tardive, les néoplatoniciens déjà mentionnés, en particulier la *Théologie d'Aristote*, en plus d'autres œuvres, comme *Les opinions des philosophes* d'Aetius, et d'autres encore. Sur ces bases, Fārābī a pu bâtir son propre projet philosophique, dépassant les entreprises précédentes par son aspect systématique, et il a exercé une influence bien plus prégnante sur l'évolution ultérieure de la philosophie que les projets antérieurs.

Le point de départ se trouve dans les écrits logiques d'Aristote : l'*Organon*, lu par les philosophes de l'Antiquité tardive avec *La Rhétorique* et *La Poétique*. Fārābī ne considère pas seulement ce corpus logique comme l'analyse exacte de la structure de la pensée humaine, mais encore comme un descriptif des différentes formes argumentatives auxquelles l'homme peut avoir recours pour penser. À cette première tâche correspondent pour Fārābī les trois œuvres qui ouvrent le corpus, et qui traitent tour à tour des concepts (*Les Catégories*), du jugement (*De l'Interprétation*), et du raisonnement, c'est-à-dire des syllogismes qu'Aristote avait décrits comme la seule forme de conclusion valide (*Les premiers Analytiques*). La deuxième tâche est assumée par la seconde partie perdue de l'*Organon* où Aristote explique, selon Fārābī, les différentes sortes de syllogisme que nous pouvons élaborer, le raisonnement démonstratif (la preuve) qui mène de prémisses certaines à un résultat irréfutable (*Les seconds Analytiques*), le raisonnement dialectique, qui part de prémisses probables, c'est-à-dire acceptées pour de bonnes raisons, et qui sont souvent développées dans le pour et le contre lors de discussions (*Les Topiques*), le jugement fallacieux, utilisant des prémisses obscures ou contenant des erreurs logiques (*Les Réfutations sophistiques*), le raisonnement rhétorique, qui vise à persuader les auditeurs et se fonde sur les opinions les plus largement répandues (*La rhétorique*), et pour finir, le raisonnement poétique (qui n'est pas attesté chez Aristote), dont la fonction est de provoquer chez les auditeurs ou les lecteurs une certaine représentation, à partir de laquelle il sera possible de déduire le raisonnement désiré (*La Poétique*).

Toutes ces formes de raisonnement sont, pour Fārābī, les formes du savoir humain (à l'exclusion évidente du raisonnement fallacieux). Elles montrent les différentes manières dont la rationalité humaine peut s'exercer. Or, Fārābī n'a pas pu tirer toute sa pensée de la seule lecture des textes aristotéliciens. Il fait un pas supplémentaire en affirmant que chaque sorte de raisonnement, analysé dans l'*Organon*, correspond à un type de connaissance déterminé. Ceci donne à Fārābī la possibilité d'associer les différentes traditions de savoir de manière systématique, et en même temps, de les dissocier qualitativement (en les faisant correspondre à telle ou telle partie de l'*Organon*). Le raisonnement dialectique, dont les prémisses ne sont connues que par une partie des hommes (le disciple d'une religion, ou l'habitant d'une région linguistique, etc.), caractérise les sciences particulières (théologie, théorie du droit, linguistique, etc.). Les jugements rhétoriques et poétiques ne peuvent fonder aucune science, leur domaine d'application est restreint à la religion, c'est-à-dire à l'exposé concret du texte de la révélation, qui entend mener les hommes à la vérité, à l'aide de représentations poétiques ou d'exemples rhétoriques convaincants.

Conformément à cette théorie, Fārābī place l'*Organon* au centre du débat. Désormais, quiconque veut se prononcer de manière compétente sur la philosophie (et ensuite, sur la théologie et la théorie du droit) doit connaître ce corpus de textes. Ceci a entraîné, comme on peut facilement l'imaginer, l'étude intensive, pendant des siècles, de la logique aristotélicienne. Pourtant, Fārābī ne s'est pas exclusivement appuyé sur cet argument, que l'on pourrait facilement qualifier d'épistémologique. Pour conforter sa thèse de la hiérarchie des formes de connaissance, il l'étaie sur un deuxième fondement, issu d'une perspective historique. On le trouve dans son livre *Les Particules* (*Sur les termes élémentaires utilisés en logique*) où il expose, en plus d'autres réflexions originales, un intéressant projet historique qui retrace la manière dont les hommes ont développé, au cours de leur évolution, diverses formes de savoir par une différenciation et une sublimation constantes de leurs facultés de pensée.

Pour Fārābī, le commencement est le développement du langage qui conduit les hommes à se mettre d'accord sur la manière dont on peut décrire certains objets ou certains états de fait. On découvre alors les différentes façons d'utiliser ce langage : on différencie la poésie de la prose, la simple prose de la rhétorique, tour à tour distinguées de la grammaire, à laquelle revient la tâche de donner des règles aux formes de langage développées. Puis, de nouvelles disciplines sont apparues, qui ont mobilisé d'autres facultés de connaissance : tout d'abord, les mathématiques et la physique, qui posent déjà la question des fondements, puis la dialectique, qui établit la forme la plus haute de l'argumentation, pour finir, la politique, introduite par Platon, qui trouve dans la méthode dialectique ses plus grandes possibilités. Platon avait été supplanté par Aristote, qui était parvenu à mener la connaissance scientifique à son achèvement. En effet, ce dernier avait montré dans son *Organon*, et en particulier dans les *Seconds analytiques*, qu'on ne peut pas simplement soutenir un état de fait, mais qu'il faut le démontrer. Or cette méthode n'est pas accessible à tous, c'est pourquoi, selon Aristote, les hommes ont besoin d'un autre accès, plus simple, à la vérité. Celui-ci leur est donné par la religion, c'est-à-dire concrètement offert par la parole des prophètes. Les prophètes ne fondent pas leurs affirmations sur des concepts universels ou des preuves apodictiques, ils mènent leurs partisans à la compréhension de la vérité par le biais de formes argumentatives plus anciennes, et en même temps plus sensibles, comme la poésie et la rhétorique.

Ce faisant, la répartition des rôles entre religion et philosophie prend une forme plus percutante. La religion n'est pas en mesure de fonder ses vérités, et encore moins de les démontrer. Il incombe au prophète la charge de transmettre la vérité à tous les hommes incapables de suivre une démonstration rationnelle. À cette fin, ils utilisent les manières de s'exprimer que tout le monde comprend, les analogies, les symboles et les comparaisons. Comme l'indique un passage du livre *Les Particules* : « La religion [...] sert à instruire la foule au sujet des choses théoriques et pratiques, démontrées par la philosophie, de manière à ce que la compréhension de l'homme soit aidée par la persuasion (ce qui correspond à la rhétorique) ou par l'évocation (la poésie), ou par les deux en même temps ».

Seule la philosophie démontre la vérité (et il s'agit bien de la même vérité, non d'une double vérité, comme on l'a parfois présumé). Elle n'illustre pas ses énoncés par des comparaisons singulières ou des symboles, elle les démontre par l'universalité du concept. Pour cette raison, la philosophie n'est pas une science particulière, reconnue uniquement dans un cercle culturel ou linguistique particulier, comme c'est le cas de la grammaire, de la théologie, etc., c'est une science universelle valable en tout lieu. Cependant, la philosophie n'est pas pratiquée dans le monde entier, car, comme le note Fārābī, il n'existe que peu d'hommes capables de la comprendre et de participer à son développement. Cela s'est d'abord produit en Grèce où Platon et Aristote ont pratiqué la philosophie et lui ont donné ses inflexions futures. Leurs successeurs ont continué cette tradition, même si l'épicentre géographique s'est déplacé, avec le temps, vers Alexandrie. Cependant, là aussi on ne philosophait bientôt plus. En effet, la philosophie s'était trouvée entre temps un nouveau lieu. Selon Fārābī, qui s'efforce de faire correspondre les faits historiques à ses visées d'autolégitimation, la philosophie a migré « d'Alexandrie à Bagdad », où elle a trouvé, au centre du monde islamique, sa nouvelle patrie.

Ces prémisses posées, Fārābī peut développer les autres parties de la philosophie avec fierté et assurance. Dans son esprit, elles s'unissent dans une image d'ensemble, qui a la prétention manifeste d'être le premier système philosophique en langue arabe. Son idée fondamentale est celle d'un ordre hiérarchique, reposant de manière analogique sur trois niveaux : le monde, l'homme et la communauté politique, qui forme le moyen terme entre les deux premiers, et à laquelle Fārābī accorde une haute importance, comme en atteste le titre qu'il donne à son œuvre majeure : *Les principes des opinions des habitants de la cité vertueuse.*

Cet ordre cosmique provient de Dieu, décrit comme chez Aristote en tant qu'intellect parfait qui se pense lui-même. Cependant, à la différence d'Aristote, Fārābī ne conçoit pas la pensée divine comme seulement réflexive, mais aussi productive. En effet, de Dieu émane un intellect de toute éternité. Sa pensée est dirigée vers deux objets, par conséquent, elle a deux effets. Elle connaît Dieu, et ce faisant, elle produit un autre intellect ; et elle se connaît elle-même, ce qui conduit à la production de la première sphère céleste (sans astre). Ce processus se répète jusqu'à produire une série de dix sphères célestes. Par là, Fārābī a la possibilité d'ordonner l'ensemble des sphères célestes, qui était inclus dans la vision du monde de Ptolémée (en plus des orbes célestes, les étoiles fixes, Saturne, Jupiter, Mars, le Soleil, Vénus, Mercure, et la Lune), à un intellect cosmique. Les sphères célestes sont également les médiations de la formation (de tout temps et de toute nécessité) du monde. Leur mouvement circulaire et leurs forces libres provoquent la création d'une matière sublunaire. La cause immédiate de notre monde reste cependant la dixième intelligence, qui informe la matière sans forme et qui gouverne, en outre, les événements sur terre. De plus, elle est le guide de notre connaissance ; pour cette raison, Fārābī l'identifie à l'intellect agent d'Aristote.

La hiérarchie qu'on trouve dans le cosmos correspond à celle des puissances de l'homme. La description qu'en donne Fārābī n'apporte pas vraiment de nouvelles observations ou de nouveaux concepts, elle s'en tient pour l'essentiel aux distinctions traditionnelles entre les différentes puissances de l'âme (intellect, imagination, mémoire, etc.) et les organes du corps. Cependant, Fārābī attache une plus grande importance à l'intellect, qui régit toutes les autres facultés. En effet, il est l'objet d'un traité particulier (*De l'intellect*) qui présente l'intérêt de renouveler les considérations sur les différents niveaux de langage et les formes d'argumentation humaine, en définissant un usage philosophique, théologique et général du terme « penser ». Cependant, Fārābī ne fait, dans le fond, que suivre la théorie de l'intellect de Kindī, en concevant aussi le processus de la pensée selon quatre aspects. Ils désignent, avec quelques infléchissements ou approfondissements, les quatre niveaux, distingués par Kindī : l'intellect en puissance, c'est-à-dire la puissance propre de connaître de chaque homme, l'intellect en acte, c'est-à-dire l'intellect habitué aux principes de la science et qui a abstrait les formes essentielles des choses corporelles, l'intellect acquis, qui est le degré le plus élevé de la connaissance humaine qui saisit également les substances séparées (par exemple, les intellects célestes) et qui découvre les causes de l'être, et pour finir, l'intellect agent, identifié à la dixième intelligence cosmique. Ce dernier offre à notre âme la connaissance, comme le soleil diffuse la lumière. C'est en lui que réside la promesse du bonheur humain, dans la mesure où les âmes parvenues au stade de l'intellect acquis peuvent s'unir à lui (ce qui n'est pas sans implication politique, comme nous allons le voir).

Ce dernier point nous amène aux considérations de Fārābī sur la communauté politique. En effet, Fārābī fait étroitement dépendre la question du bonheur de la cité où nous vivons. De nouveau, cet argument se fonde sur une analogie forte : la vie en communauté connaît aussi un ordre hiérarchique (dont Fārābī va décrire brièvement les constitutions politiques particulières). Une communauté ne peut exister que si l'ordre émane de sa partie la plus éminente. De même que le monde est gouverné par Dieu, et que l'homme est gouverné par son intellect, le gouvernement doit être dirigé par une personne qui dépasse les autres en sagesse et en vertu. Et ceci vaut en particulier pour le fondateur de la cité, qui doit, dans l'idéal, être à la fois philosophe (selon Platon) et prophète (conformément au monde islamique). En tant que philosophe, il détient le savoir le plus haut et une connaissance purement conceptuelle. En tant que prophète, il peut transmettre cette connaissance aux habitants de la cité en exprimant son savoir dans des images poétiques et des comparaisons rhétoriques. Si tel est le cas, les citoyens font l'expérience de la vérité et mènent une vie droite. De la sorte, ils actualisent leur intellect possible et peuvent espérer une d'une félicité éternelle. Dans les autres cas, la perspective est moins prometteuse, comme le montre Fārābī. En effet, quand la cité est gouvernée par un dirigeant immoral, les citoyens encourent le risque de devenir eux-mêmes immoraux et sont menacés de damnation perpétuelle. Et quand la simple ignorance règne dans la cité, personne n'actualise son intellect en puissance, alors tous doivent s'attendre à ce que leurs âmes se corrompent après la mort.

CHAPITRE V

LA DIFFUSION
DES CONNAISSANCES PHILOSOPHIQUES

Avec le projet de Fārābī, la philosophie a conquis sa légitimité dans le cercle culturel islamique. Cela a probablement contribué au large écho qu'elle rencontre dès le milieu du Xᵉ siècle dans les milieux savants et lettrés. Le processus de traduction du grec en arabe touche à cette époque à sa fin, mais il ne se termine pas parce que les textes philosophiques ne trouvent plus de lecteurs. La raison de cette perte d'intérêt pour l'héritage antique (comme on le voit également pour l'astronomie, les mathématiques, la médecine, etc.) s'explique par le fait qu'entre temps, de nouveaux écrits ouvrant des perspectives innovantes sont disponibles en langue arabe.

La plupart de ces œuvres sont encore sous l'influence de Kindī. Ce dernier n'avait pas, à proprement parler, fondé une école. Mais il a cependant trouvé des successeurs qui ont repris ses idées et les ont fait connaître auprès d'un large public. L'un d'entre eux était Aḥmad b. al-Ṭayyib al-Saraḫsī († 899), qui a travaillé, comme son maître, en tant que précepteur à la cour du calife, et qui s'est distingué par ses larges connaissances en philosophie, astronomie, géographie et en musique. Un autre disciple était, en Iran de l'Est, Abū Zayd al-Balḫī († 934), surtout connu comme une autorité en géographie. Mais Balḫī a aussi été un savant universel, qui a pris connaissance de la pensée de Kindī pendant ses études à Bagdad et a contribué à sa diffusion dans sa patrie, l'Iran. On trouve encore jusqu'au XIᵉ siècle des adeptes de Kindī. L'un de ses plus fidèles disciples fut sans conteste Abū l-Ḥasan al-ʿĀmirī († 992), qui soutenait dans plusieurs de ses volumineuses œuvres (comme *Exposition de l'excellence de l'Islam*, ou *Le temps jusqu'à l'éternité*) la thèse caractéristique de Kindī selon laquelle la philosophie ne représente qu'un complément au savoir révélé des prophètes. Il y a encore d'autres penseurs qui se rangent à la suite de leur maître à cette conclusion, et qui semblent avoir été inspirés par ses idées. Citons, par exemple, Miskawayh († 1030), dont l'ouvrage célèbre sur l'éthique, qui a été beaucoup lu, *Le raffinement du caractère*, a été fortement influencé par les conceptions de Kindī sur l'éducation et la purification de l'âme.

Un autre groupe d'auteurs s'est rangé derrière Fārābī. Celui-ci n'a certainement pas été un chercheur isolé, car il a travaillé pendant de nombreuses années avec un groupe de traducteurs et d'interprètes d'Aristote. Ce groupe, que l'on peut appeler l'« école de Bagdad », a perduré pendant longtemps. On en trouve des sectateurs jusqu'au XIᵉ siècle. Il est remarquable que la plupart d'entre eux proviennent du milieu chrétien, ce qui vaut tant pour le maître de Fārābī que pour ses disciples. Le plus important d'entre eux fut Yaḥyā b. ʿAdī, un jacobite, qui a poursuivi les études logiques de ses prédécesseurs et les a complétées de réflexions portant sur la physique. Nous trouvons à sa suite de nombreux savants qui ont poursuivi ce programme, avec des différences d'inflexion selon les cas particuliers. Parmi eux, il convient de mentionner, entre autres, le musulman érudit Abū Sulaymān al-Siǧistānī († 985) qui s'est également inspiré d'éléments de la doctrine de Kindī et a entretenu des contacts avec Abū Ḥayyān al-Tawḥīdī († 1021), un éminent homme de lettres de la capitale, le jacobite ʿĪsā Ibn Zurʿa († 1008), un spécialiste de logique, Ibn al-Samḥ († 1027), qui s'est essentiellement consacré à la physique aristotélicienne, et pour finir, Ibn al-Ṭayyib († 1043), un savant nestorien, dont les commentaires détaillés, très proches des modèles grecs, ont mené l'école de Bagdad à son apogée.

Un intérêt philosophique a également pris naissance en dehors des cadres définis par ces deux traditions. On le voit avec évidence chez les ismaéliens, les chiites septimains (ainsi nommés parce qu'ils croyaient à la résurrection du septième imam, Muḥammad b. Ismāʿīl) qui ont donné à leur théologie et à leur cosmologie, dès le Xe siècle, une orientation néoplatonicienne. En ce sens, ils ont développé une pensée qu'on ne peut pas, au sens strict, appeler une philosophie. Il s'agissait plutôt d'une tentative (réussie) de conforter, grâce à quelques emprunts à la philosophie, une position religieuse minoritaire dans un projet spéculatif totalisant. Cependant, les textes ne sont pas dépourvus d'intérêt, car ils reflètent, à leur manière, les étapes que nous avons rencontrées dans l'évolution de la philosophie. Muḥammad al-Nasafī († 942), le premier ismaélien influencé par les néoplatoniciens, a mis en place un projet qui porte la trace de sa lecture de textes anciens, comme la métaphysique de Kindī (*La philosophie première*) ou de la *Théologie d'Aristote*. Abū Yaʿqūb al-Siǧistānī († 1000) a ensuite refondé ce projet en un édifice complexe de pensée. Ḥamīd al-Dīn al-Kirmānī († après 1020), pour finir, n'a pas simplement intégré ces idées anciennes dans un système plus large, mais il a également emprunté des concepts à la nouvelle philosophie, en particulier à la cosmologie de Fārābī.

Dans le cercle des ismaéliens, on trouve encore un autre témoignage, datant probablement de la deuxième moitié du Xᵉ siècle. Il s'agit du volumineux corpus, connu sous le titre *Les Épîtres des frères de la pureté* de Bassora. La composition historique de ce texte demeure jusqu'à aujourd'hui un sujet de débat. Les uns estiment qu'il s'agit des enseignements officiels de l'école ismaélienne. Les autres contestent ce rapprochement et pensent plutôt que ces traités auraient été écrits par des « philosophes néoplatoniciens » de provenance inconnue. D'autres encore argumentent que les auteurs appartiennent à une secte dissidente d'ismaéliens d'Irak, qui auraient rompu avec les dirigeants officiels du mouvement (alors la dynastie des Fatimides d'Afrique du Nord) et qui devaient, pour cette raison, présenter leur propre vision spéculative du monde. En effet, les auteurs poursuivaient principalement deux buts : ils voulaient initier le lecteur aux différents domaines de la philosophie (d'où l'organisation formelle de l'œuvre comme une encyclopédie), et en même temps, diffuser leur propre conception « supérieure » du monde (d'où le caractère initiatique de l'œuvre). Ces deux finalités se recoupent intuitivement, aussi n'est-il pas surprenant que ce traité ait rencontré un large écho dans les contrées reculées du chiisme.

Le texte se découpe en 52 traités. Les 14 premiers traitent de mathématiques, incluant la spéculation sur les nombres cosmiques, la propédeutique philosophique (la division des sciences, l'éthique) et la logique. Les 17 suivants sont consacrés à la physique, ce qui correspond non seulement à la physique aristotélicienne, mais inclut également les sciences occultes comme l'alchimie, l'astronomie et la magie, qui se recoupent dans la vision du monde des frères de la pureté. Ensuite, on trouve 10 chapitres sur l'intellect et l'âme, comprenant des considérations sur les cycles des étoiles, la causalité et la résurrection. Pour finir, la théologie est présentée en même temps que la révélation, la question de l'imamat et la doctrine de la rédemption (le traité 52 sur la magie est controversé).

Les connaissances transmises par ce texte sont très subtiles. Elles embrassent un large spectre dans le domaine de la philosophie (néoplatonisme, aristotélisme, néo-pythagorisme) comme dans les religions (les écrits islamiques, juifs et chrétiens). C'est pourquoi il est légitime de considérer la totalité de cette œuvre comme une encyclopédie. Toutefois, l'intention des auteurs n'est pas de donner une instruction scientifique, fondée sur une méthodologie rigoureuse. Dans leur esprit, il s'agissait plutôt de procurer à leurs fidèles une voie de salut, fixée d'emblée. Qui s'engage dans cette voie démontre sa compréhension, qui parvient à cette fin gagne la sagesse. Cette sagesse porte des signes ismaéliens, c'est pourquoi la composition des *Épîtres des frères de la pureté* n'a pas pu être élaborée en dehors de ce cercle. Cependant, la méthode n'est pas nouvelle et la position soutenue n'est pas spécifique aux ismaéliens, car on trouve dans l'Antiquité tardive des exemples de vulgarisation et d'instrumentalisation de la philosophie. Si on pense au poids de la tradition pythagoricienne dans ce texte, de la représentation de la sympathie cosmique (astrologie) et des sciences occultes de la nature (alchimie, magie), il serait alors plus juste de prendre en considération l'apport de la tradition syriaque du néoplatonisme et du néo-pythagorisme, qui se rattache à Jamblique.

CHAPITRE VI

UN NOUVEAU PARADIGME : AVICENNE

Malgré l'intérêt des savants et des lettrés pour la philosophie depuis le milieu du Xe siècle, sa place n'est pas encore très assurée au sein de la société islamique. En effet, parmi les auteurs d'œuvres philosophiques de l'époque, aucun d'entre eux n'était parvenu à convaincre le grand public, et en particulier les savants religieux, de la nécessité de ses réflexions sur la quête de la vérité et l'obtention du bonheur. Les disciples de Kindī, bien qu'eux-mêmes absolument convaincus du caractère indispensable de la philosophie, ne pouvaient en apporter la preuve. À l'exception du célèbre traité de Miskawayh sur l'éthique, leur influence s'est progressivement limité à la partie nord-est de l'Iran. Les ismaéliens ne pouvaient pas vraiment être considérés comme les représentants d'un grand mouvement philosophique. Certes, ils ont gagné des disciples dans de nombreuses régions du monde islamique, mais le fait que leur doctrine comportait de plus en plus d'emprunts à la philosophie la rendait suspecte aux yeux de la majorité sunnite des musulmans. Même les successeurs de Fārābī n'ont pas réussi à susciter un intérêt continu pour leur savoir dans la majeure partie de la société. Ils ont exercé à Bagdad et ont mené leurs études jusqu'à un niveau de perfection impressionnant. Cependant, l'objet de leur réflexion n'est pas la philosophie dans son ensemble, ni la totalité du projet présenté par Fārābī, mais une série de questions spécifiques (touchant surtout, comme on l'a montré auparavant, les domaines de la logique et de la physique) qui sont plutôt débattues dans le cadre des ramifications de la tradition aristotélicienne qu'en fonction des défis intellectuels de leur temps.

À cela s'ajoute le fait que l'on peut adresser quelques critiques au projet de Fārābī. Certes, il avait plaidé que la philosophie devait être aussi et surtout cultivée en terre d'Islam, mais ce plaidoyer avait été exprimé dans des formulations qui n'ont pu que susciter l'irritation des musulmans.

Par exemple, l'importance considérable que Fārābī a accordée à la cité et à son fondateur rend problématique la question du salut futur des hommes. Ceci s'explique naturellement par le fait qu'en matière de philosophie politique, Fārābī suit l'héritage de Platon. Néanmoins, il faut tout de même se demander si un tel concept était, à l'époque où le monde islamique est de plus en plus instable et sous l'influence de princes locaux et de chefs de guerre, une contribution convaincante à la vie présente (et si cela l'était, l'insistance sur l'importance de la cité alors était interprétée comme une critique du régime, voire une utopie). À l'inverse, le peu d'attention suscité par la métaphysique de Fārābī (son ontologie, tout comme sa théologie) et la question de l'individu (habituellement comprise dans le cadre de la théorie de l'âme) sont tout aussi problématiques. Sur le premier sujet, le projet cosmologique de Fārābī se concilie difficilement avec la thèse islamique de la création. Sur le second, il a transmis une analyse subtile de l'intellect, qui doit cependant être relativisée, comme on l'a vu, par le fait que le sujet pensant n'obtient pas, ou pas seulement, son bonheur de la connaissance individuelle, mais aussi du discernement et de l'intégrité du fondateur ou du dirigeant de la cité. En outre, on peut douter que la séparation radicale tracée par Fārābī entre l'universalité de la philosophie et la particularité des religions et des théologies ait vraiment conduit au but qu'il s'était proposé. Il s'était évidemment servi de cet argument pour faire ressortir la spécificité de la science philosophique, et pour consolider méthodiquement ses prétentions à une validité universelle. En même temps, ce concept amputait une compétence qu'il aurait dû conserver, car cette sépara-tion entraîne la conséquence que la philosophie, en dépit de sa prétention à l'universalité et à une explication globale des phénomènes, n'est plus capable de comprendre certains domaines de la réalité essentiels aux croyants. C'est ce qu'atteste la question de la prophétie que Fārābī considère sous un angle étroit, et uniquement politique, et cela se poursuit avec d'autres thèmes (inspiration, expérience de Dieu, expérience de la contingence de l'existence, respon-sabilité personnelle devant Dieu, etc.) qui sont presque tous mêlés dans ses traités.

Personne d'autre n'a porté un diagnostic aussi clair sur ces imperfections qu'Abū ʿAlī Ibn Sīnā (vers 980-1037), l'Avicenne du Moyen Âge latin. Il a pris en charge la question fondamentale de la tâche et de la possibilité de la philo-sophie, et il a réalisé ce projet d'une telle manière qu'il a imprimé sa marque sur toutes les tentatives ultérieures. Le fait qu'Avicenne ait eu la capacité de mener à bien un tel projet tient à son immense culture et à sa vivacité d'esprit qui frappaient déjà ses contemporains. Ces deux traits de caractère étaient éminemment manifestes dans sa jeunesse, si on en croit son autobiographie. Lorsqu'il vivait à Boukhara, il s'était consacré aux études et avait très vite dépassé tous ses maîtres. Même plus tard, lorsque sa vie était troublée par les circonstances politiques et qu'il était au service de princes successifs en tant que médecin ou vizir, il a conservé ses intérêts pour la recherche et son étonnante énergie créatrice, et a constamment maintenu un contact avec les scientifiques.

Le résultat de cet engagement est impressionnant. Ce constat vaut particulièrement dans les deux domaines scientifiques dans lesquels Avicenne (si on prend pour étalon leur succès futur) a écrit des œuvres canoniques en langue arabe. Le premier est la médecine, au sujet de laquelle Avicenne a publié, à côté d'autres traités plus courts, le *Canon de la médecine*, qui rassemble le savoir de son époque avec un esprit synthétique et un talent didactique sans égal. Le second est la philosophie, qu'Avicenne ne s'est pas contenté d'ordonner systématiquement ou de présenter de manière didactique, mais qu'il a totalement repensée à neuf et refondée sur plusieurs aspects. Ceci apparaît de manière frappante dans de nombreuses œuvres, dont deux surpassent les autres par leur importance : *Le livre de la guérison*, écrit entre 1020 et 1027, somme philosophique en quatre parties (logique, physique, mathématique, métaphysique) qui s'appuie dans son interprétation sur les textes fondamentaux d'Aristote (*Les Catégories*, *De l'interprétation*, etc.). En Europe, la réception de cette œuvre d'Avicenne est tributaire d'une traduction latine tardive et incomplète, sous le titre de *Liber sufficientia*. La deuxième œuvre est *Le livre des directives et des remarques*, écrit entre 1030 et 1034, également conçue comme une somme (cette fois, en deux parties : 1) logique, 2) physique et métaphysique), où les thèmes ne proviennent pas du *Corpus aristotelicum*, mais sont développés librement et avec une éloquence fascinante. C'est pourquoi cet ouvrage a exercé plus d'influence que le *Livre de la guérison* pour la réception d'Avicenne dans la sphère culturelle islamique.

Ces deux œuvres sont, pour grande part, originales, cependant le point de départ des réflexions d'Avicenne demeure naturellement les concepts provenant d'auteurs antérieurs. Parmi ses sources, on trouve en premier chef Aristote (c'est-à-dire la totalité du corpus augmenté de la *Théologie d'Aristote*), ensuite ses commentateurs, mais aussi Fārābī, qui doit être considéré, en dépit des réserves mentionnées auparavant, comme une des figures majeures de son parcours philosophique. La littérature secondaire souligne parfois la parenté entre ces deux auteurs et le fait qu'Avicenne ait repris certains concepts-clés développés dans le système philosophique de Fārābī, par exemple le modèle cosmologique des dix intellects. Ces emprunts sont indiscutables. L'enjeu est de savoir le sens nouveau et les nouvelles conséquences dont ils ont été investis. Après un examen plus approfondi, il apparaît qu'Avicenne replace ces emprunts conceptuels dans un nouveau contexte, et qu'il en donne une interprétation différente de celle de ces prédécesseurs. Par exemple, la philosophie politique, qui revêt une importance cruciale pour Fārābī, n'est traitée qu'incidemment par Avicenne. Le cadre conceptuel du projet de Fārābī, à savoir la séparation de la philosophie et de la théologie (avec leurs conséquences épistémologiques), est repris par principe par Avicenne comme une maxime, mais il l'abandonne de manière souveraine lorsqu'il met en pratique ses réflexions. Qui plus est, Avicenne place au centre de sa pensée les thèmes que Fārābī avait mis de côté, comme l'ontologie, la théologie, la psychologie, et en particulier la doctrine de l'âme individuelle. C'est ainsi que prend naissance une nouvelle philosophie, qui détermine sa propre voie sur de nombreux aspects.

Le point de départ de l'ontologie d'Avicenne se situe dans l'affirmation qu'il existe des choses qui peuvent être prouvées. Or ce constat ne se fonde pas sur la perception sensible, – et ce, à la différence de ce que l'on trouve d'ordinaire chez les penseurs musulmans précédents. Au fondement de sa pensée, Avicenne se réfère d'abord à l'autonomie de l'intellect. Pour lui, l'« être » et « quelque chose » sont des *prima intelligibilia*, c'est-à-dire des concepts *a priori* que chaque intellect sain possède, dès lors qu'il parvient à maturité (il parle alors d'« intellect en disposition »). Il convient de se demander quelle modalité d'être revient aux choses. Ces choses doivent-elles ou peuvent-elles exister ? En d'autres termes : leur être est-il nécessaire, ou seulement possible, comme le formule Avicenne en renvoyant à la *Métaphysique* d'Aristote ? Nos observations et nos expériences livrent une réponse à cette interrogation, elles nous apprennent que toutes les choses perceptibles par les sens sont soumises au changement. Et bien plus : toute chose devient et toute chose se corrompt. Aussi leur existence, considérée en elle-même, est seulement possible. C'est pourquoi la question de leur fondement se pose, ce qui mène Avicenne à la réflexion suivante, la preuve de l'existence de Dieu.

Avicenne part du présupposé que chaque être, dont l'être est seulement possible (= A), doit avoir une cause. Cette cause (= B) rend l'existence de A possible, dans la mesure où elle donne sa prédominance à l'existence de A sur sa non-existence (qui est, en soi, tout autant possible). Pour B également, la même question se repose : considéré en lui-même, il peut exister soit de manière nécessaire, soit de manière possible. Dans le premier cas, la démonstration trouverait son terme, parce que nous aurions trouvé Dieu, l'être-nécessaire. Dans le second cas, nous devons supposer qu'il existe une troisième cause (= C), qui produit l'existence de B et la rend nécessaire. Et la même question se repose à nouveau, et on peut répéter la même expérience de pensée à l'infini (pour D, E, etc.). Tant que nous parlons de causes, dont l'être, considéré en lui-même, est seulement possible, nous ne pouvons pas réellement fonder le fait que les choses existent. Or c'est un fait que les étants existent. Par conséquent, il y a bien une cause qui rend nécessaire l'être des choses, considéré en lui-même comme seulement possible. Celle-ci doit être distincte de la chaîne de causes que nous avons examinée jusqu'à présent, car elle ne peut pas dépendre de quelque chose d'autre dans son existence, donc elle doit exister par elle-même. C'est pourquoi, l'étant-nécessaire (*wāğib al-wuğūd*) produit toutes les autres choses, et il est appelé, dans le vocabulaire religieux, Dieu.

Le constat d'existence de quelque chose est étroitement lié, pour Avicenne, à l'hypothèse d'une cause première, existant nécessairement et agissant par sa propre nécessité. C'est seulement lorsque l'on pose une telle cause à l'origine de l'être qu'il est possible d'expliquer l'existence des choses multiples et contingentes que nous percevons. Ce présupposé entraîne une autre conséquence, car il n'implique pas la simple existence nécessaire de Dieu, mais il signifie également que toutes les choses qui sont effectuées par Dieu sont nécessairement liées à la nécessité de son existence. Les choses, qui sont produites par lui, doivent donc exister simultanément, parce qu'on ne peut pas séparer les effets nécessaires de leur cause. Or Dieu existe de toute éternité puisqu'il est, comme nous l'avons vu, l'étant nécessaire. De ce fait, le monde existe depuis toujours, dans la mesure où son être a été produit de toute éternité par Dieu.

Ces conséquences ont valu à Avicenne des critiques virulentes. On lui a reproché de contredire la parole du Coran et de relativiser la différence fondamentale entre Dieu et la création. Telle n'était cependant pas son intention : la finalité de ses réflexions consistait plutôt à faire ressortir la différence ontologique entre Dieu et les créatures, et à les démarquer conceptuellement de manière plus tranchée qu'auparavant. Pour Avicenne, Dieu est le seul être qui existe nécessairement. Dans son cas, le non-être est inconcevable, puisque l'existence appartient de manière inséparable à son essence (en tant qu'« existant-nécessairement »). Par contre, tous les autres étants peuvent tout autant ne pas exister. Le fait qu'ils existent ne se fonde pas dans leur propre essence, mais bien par une cause extérieure qui rend leur existence nécessaire. La distinction entre Dieu et les créatures ne repose pas sur une différence temporelle (éternité ou temporalité). Elle provient plutôt du fait que l'être leur advient d'une manière totalement différente. En Dieu, l'être et la substance, l'existence et l'essence coïncident. En toute autre chose, l'essence et l'existence sont distinctes, parce qu'on ne peut pas déduire de ce qu'une chose est ou pourrait être qu'elle existe effectivement.

Ce couple conceptuel n'était pas nouveau au sens où Avicenne aurait été le premier à l'introduire. En effet, Aristote avait déjà indiqué qu'il fallait distinguer l'essence de l'être d'une chose. Cependant, il ne considérait cette distinction que comme un instrument d'analyse théorique, car elle lui permettait de séparer les différentes caractéristiques d'une chose selon que l'on pense à ce qu'elle est (essence) ou au fait qu'elle existe (existence). Néanmoins, Aristote considérait une telle distinction impossible d'un point de vue ontologique. En effet, l'ontologie étudie l'étant par le biais de définitions. L'étant se présente de manière substantielle en chaque chose concrète. C'est pourquoi les individus concrets (les « substances premières », comme Aristote les appelle) ne sont pas pour lui des formes essentielles qui peuvent advenir à l'être de manière possible. Au contraire, leur caractéristique primordiale repose bien sur le fait qu'ils existent et qu'ils sont antérieurs à toute autre chose (au concept, à la connaissance, et à toute durée).

Or Avicenne envisage l'étant d'un tout autre point de vue. Certes, il présuppose également que les choses existent, toutefois, il ne les envisage pas premièrement en tant qu'étants (et donc pas en tant que substances premières au sens aristotélicien), mais comme des entités contingentes dont il faut interroger l'origine. En suivant ce questionnement, Avicenne développe une distinction inconnue d'Aristote. Elle sépare deux domaines de l'être : l'être subsistant de Dieu, étant nécessaire, dont l'essence implique l'existence, et l'être des créatures, étants possibles, dont l'essence et l'existence sont séparées. Ainsi Avicenne a introduit la dichotomie fondatrice d'une nouvelle métaphysique, qui ne s'appuie plus seulement sur les conceptions développées par Aristote et les néoplatoniciens. Cette métaphysique lie l'analyse traditionnelle de l'être aux impératifs formulés par la théologie islamique, à savoir en premier lieu l'expérience de la contingence et une orientation théocentrique.

En conséquence, la métaphysique avicennienne a rencontré un large écho dans la sphère culturelle islamique (et dans l'Europe latine), tant auprès des philosophes que des théologiens. Ce retentissement est en quelque sorte venu éclipser les avancées importantes que cet auteur a apportées dans d'autres domaines de la philosophie. Ce constat vaut en particulier pour la psychologie, qui l'a occupé tout au long de sa vie, comme en atteste la liste de ses œuvres. Dans celles-ci, Avicenne s'est toujours efforcé d'attirer l'attention de son lecteur sur le thème de l'âme rationnelle, parce qu'il jugeait que les questions fondamentales de l'humanité (l'identité, l'origine et la fin dernière) y étaient toutes liées.

Dans le domaine de la psychologie, Avicenne souligne la primauté du spirituel. De même que son ontologie ne s'établit pas sur les données sensibles, mais sur des concepts *a priori*, de même sa théorie de l'âme ne se fonde pas sur la perception des sens, mais sur une certitude intellectuelle. Cet aspect est particulièrement évident dans une thèse, devenue célèbre sous le nom d'argument de l'« homme volant ». Elle se trouve déjà dans *Le livre de la guérison* et dans d'autres traités, mais Avicenne en a donné la présentation la plus claire dans sa deuxième œuvre, le *Livre des directives et des remarques* où l'on trouve le passage suivant : « Fais retour en toi-même et considère si [...] tu peux nier ta propre existence et si tu peux te mettre en question toi-même. Je ne pense pas que cela soit possible pour celui qui observe attentivement. Aussi bien, ni pendant le sommeil de celui qui dort, ni pendant l'ivresse de celui qui est ivre, leur être/soi (*ḏāt*) ne se sépare de lui-même ; même si la représentation que chacun fait de cela ne subsiste pas [actuellement] dans son souvenir. [La raison en est la suivante :] Si tu imaginais que ton essence/ton toi-même ait été créé, à sa première origine, avec une intelligence saine et des qualités convenables, et si tu la supposais dans une situation et des conditions telles que ses parties ne soient pas vues et que ses membres ne soient point touchés, mais qu'elle soit un instant isolée et suspendue dans l'air libre, tu pourrais constater que le soi n'a conscience de rien d'autre que du fait qu'il existe ».

Avicenne lie cette réflexion au problème de savoir si nous nous percevons nous-mêmes. Cette perception de nous-mêmes ne provient apparemment pas de nos sens, ni d'une action, ni du corps, et surtout pas de quelque chose se trouvant au-dehors de notre personne. Le sujet de notre conscience de soi est plutôt une force incorporelle, que nous appelons l'âme. Elle commande et dirige notre corps, elle est en nous, et elle est une. Comme le montre avec évidence Avicenne à son lecteur, elle ne se distingue pas de nous, car « elle est, en réalité, nous-mêmes ».

L'enjeu de cet argument est clair : prouver l'existence d'une essence personnelle, d'un soi en chaque homme. Le soi demeure en permanence, même dans le sommeil (ce qui est une critique de l'anthropologie des théologiens islamiques) ou en état d'ivresse, et c'est ce que l'on appelle tradi-tionnellement l'âme. Une série de conséquences se déduit de la démonstration principale de cet argument. En effet, Avicenne n'entend pas simplement démontrer que nous possédons une âme, il donne également des informations sur ce qu'elle est. Pour cette raison, il nous donne à comprendre de nombreuses déterminations qui se complètent les unes les autres. Premièrement, l'âme est immatérielle, puisque la preuve de son existence ne dépend pas de la sensation corporelle. Deuxièmement, l'âme est indépendante du corps, et elle peut par conséquent survivre après la mort. Troisiè-mement, l'âme est individuelle, dans la mesure où chaque homme éprouve son existence, et dans la mesure où l'âme constitue leur soi-même, et ainsi leur individualité.

Ceci démontre que toute réflexivité en l'homme provient de l'âme rationnelle. Celle-ci détermine l'homme à la naissance, elle le constitue en tant que personne et en tant que sujet pensant. Pareillement, elle désigne sa destination ultime, car elle représente son essence profonde et indestructible. Si l'homme parvient au cours de sa vie à perfectionner son âme rationnelle par la connaissance, il atteint la fin assignée à chaque être humain. Il peut alors parvenir à la béatitude éternelle, la récompense méritée pour les efforts spirituels qu'il a accomplis individuellement (et non pas comme une conséquence du fait qu'il vit dans une cité idéale, contrairement à ce que Fārābī avait indiqué).

Avicenne a donné une description de cette voie vers la connaissance parfaite en des termes forts, empreints du souvenir de la contemplation et de l'expérience mystique (en particulier à la fin du *Livre des directives et des remarques*). Pour cette raison, les interprètes modernes lui ont imputé deux conceptions différentes : l'une, rationnelle, est une philosophie influencée par Aristote dont le point culminant est atteint dans *Le livre de la guérison*, l'autre, « suprême », serait une sagesse inspirée de la mystique et de la vision immédiate, et elle a été décrite comme « philosophie orientale », en raison d'un traité postérieur, *Les orientales*, en grande partie perdu. Cette interprétation est cependant dépassée, dans la mesure où il n'existe aucun indice plaidant qu'Avicenne a, à un moment, abandonné le cadre de l'argumentation rationnelle. En revanche, il est juste d'affirmer qu'il a sondé les possibilités offertes par ce cadre. C'est ce dont atteste, d'une part, les nombreuses formes de présentation employées dans ses œuvres, comme la démonstration syllogistique, les « remarques », les « directives », les allégories, etc. D'autre part, sa théorie de la connaissance l'atteste clairement, dans la mesure où elle n'est pas conçue de manière uniforme, mais qu'elle admet plusieurs types de rationalité.

L'un de ces types de rationalité correspond au chemin vers la connaissance de la théorie traditionnelle de l'intellect.

Sur ce point, Avicenne suit les modèles de Kindī et de Fārābī (*cf.* p. 27 et 46), car il reprend les quatre niveaux de la pensée. Cependant, il en donne une interprétation différente. Selon sa classification, il faut distinguer, dans le processus de connaissance, les étapes suivantes : d'abord, l'intellect possible, c'est-à-dire la pure puissance de penser qui n'a pas encore été développée chez l'homme, comme chez l'enfant; ensuite, l'intellect en disposition, qui est conscient des *prima intelligibilia*, c'est-à-dire des concepts *a priori* (étant, chose, possibilité, nécessité, etc.); puis l'intellect en acte, qui conçoit également les *secunda intelligibilia*, à savoir les concepts composés et les démonstrations, etc.; et enfin l'intellect acquis qui se réalise dans l'âme rationnelle en tant que pensée en acte et connaissance parfaite. De la sorte, le processus de connaissance de l'homme singulier s'organise en quatre étapes, et non en trois comme chez Kindī ou Fārābī. En revanche, l'intellect agent, qu'Avicenne interprète également dans l'ordre cosmique, se trouve exclu de la liste des niveaux de connaissance, et s'y oppose en tant que cinquième moment, à savoir comme leur principe directeur.

Parallèlement, Avicenne admet cependant une deuxième forme de connaissance. Il la décrit comme une intuition (*ḥads*), ce qui a pu assurément donner lieu à l'hypothèse qu'Avicenne entendait par là une vision mystique et irrationnelle. Pourtant, elle doit plutôt être considérée comme la forme la plus haute de la rationalité. En effet, Avicenne fonde son concept sur la notion aristotélicienne de sagacité (*anchinoia* en grec, *ḏakā'*, en arabe). Grâce à ce concept, il développe une conception de la connaissance qui fait ressortir davantage la distinction des facultés rationnelles. Celui qui possède l'intuition doit en effet être capable de saisir sans effort tous les concepts et tous les enchaînements démonstratifs, en particulier le moyen terme dans le syllogisme. Il ne s'agit alors pas de passer outre les opérations logiques que nous connaissons par l'*Organon* et par ses commentateurs, mais de les employer avec beaucoup plus de rapidité que la normale. De cette manière, Avicenne explique qu'il y aura toujours des hommes dont la compréhension dépasse de beaucoup celle de leurs maîtres ou de leurs contemporains. Avicenne compte parmi eux de nombreux philosophes antiques, et en premier lieu Aristote, et il s'y inclut lui-même, comme en attestent certains passages de son autobiographie.

Le concept d'intuition donne à Avicenne l'occasion d'une distinction supplémentaire. Celle-ci concerne la prophétie, que la société islamique connaît déjà en tant que voie de connaissance, qui doit être prise en considération dans le cadre d'une épistémologie où toutes les formes de savoir sont examinées. À ce sujet, Fārābī avait expliqué que les prophètes disposent d'une puissance imaginative particulièrement forte. Elle leur permettait de recevoir des révélations (c'est-à-dire des images ou des symboles) de l'intellect agent et de les transmettre à leurs disciples. Cela était tout à fait cohérent avec son idée de la religion (*cf.* p. 43-44), mais ne témoignait d'aucune estime particulière pour les prophètes. De cette manière, les miracles et les visions des prophètes étaient toujours limités au niveau de l'imagination. Avicenne tente pour sa part de mieux comprendre la prophétie. La transformation conceptuelle décisive qu'il introduit repose sur le fait d'admettre deux niveaux dans la prophétie. La première désigne la faculté d'imagination telle que Fārābī l'avait décrite. Elle est de nouveau conçue comme une intensification particulière de l'imagination, qui permet aux prophètes de saisir les images et les symboles provenant de l'intellect agent. Par contre, le second niveau est rationnel. En effet, selon Avicenne, l'intellect des prophètes (c'est-à-dire leur âme rationnelle) est également en relation avec l'intellect agent qui instruit tous les processus spirituels. Par conséquent, le prophète connaît la vérité, non seulement de manière figurée par des symboles particuliers et par des images, mais aussi comme le résultat de conclusions universellement valides et de preuves, formelles et démonstratives, telles que les philosophes les pratiquent. Cependant, le prophète ne doit pas apprendre avec effort chaque argument et chaque syllogisme particulier pour en comprendre la vérité. En effet, il dispose de l'intuition qui lui permet de saisir en un clin d'œil, comme les maîtres de philosophie, l'enchaînement logique sous-jacent d'un énoncé.

Cet exemple montre très bien la manière dont Avicenne intègre dans sa démarche les attentes et les présupposés religieux, théologiques et philosophiques qu'il rencontre. Mais il ne varie pas en fonction d'elles, et il ne les considère pas non plus comme des alternatives équivalentes. Son cadre conceptuel demeure toujours la philosophie. Cependant, cette philosophie n'est pas exclusive, quant à l'extension de ses concepts ou la conscience des problèmes qu'elle exprime. Elle reste ouverte aux préoccupations religieuses et aux questions théologiques. Le cas de la prophétie mis à part, une série d'autres thèmes le montre, par exemple la prière ou le rêve. Il reste néanmoins évident qu'il faut à chaque fois considérer la manière dont cette position peut se vérifier en relation avec le Coran.

Un bon exemple est donné par la manière dont Avicenne interprète le verset 35 de la sourate 24, le célèbre verset de la lumière : « Allah est la Lumière des cieux et de la terre. Sa lumière est semblable à une niche où se trouve une lampe. La lampe est dans un (récipient de) cristal et celui-ci ressemble à un astre de grand éclat; son combustible vient d'un arbre béni : un olivier ni oriental ni occidental dont l'huile semble éclairer sans même que le feu ne la touche. Lumière sur lumière… » (Coran, 24, 35). Ce verset a connu de nombreuses interprétations au cours des siècles. Il n'est pas étonnant que l'on trouve parmi celles-ci toute une série de gloses mystiques et ésotériques. Pour Avicenne, ce verset représente plutôt une « directive » (au sens du *Livre des directives et des remarques*) de notre rationalité : il décrit, de manière allégorique, les traits fondamentaux de notre connaissance. L'objet qu'expose le Coran devient pour Avicenne un élément essentiel de son épistémologie : la « lumière » symbolise la connaissance, le « feu » l'intellect agent. La « lampe », cette « niche », dans laquelle se trouve la lumière, signifie l'intellect en puissance de l'individu humain. Pour qu'il puisse luire, il a besoin d'une huile ou d'un « olivier », ce qui fait référence à notre pensée. Et il y a encore une huile qui « semble éclairer sans que le feu ne la touche. » Ceci ne peut être que l'intuition qui distingue, selon la conception d'Avicenne, comme nous savons dès lors, non seulement les philosophes d'exception, mais aussi les prophètes.

CHAPITRE VII

LA RÉACTION THÉOLOGIQUE : AL-ĠAZĀLĪ

Le projet avicennien a ouvert un nouveau niveau de discussion et posé les bases de réflexions futures. Si Fārābī avait classé les questions religieuses en tant que particulières, et les avait, pour cette raison, exclues de la philosophie, et si les théologiens de son époque avaient, pour leur part, insisté sur la subordination de la pensée rationnelle à la tradition religieuse, Avicenne avait dorénavant posé les jalons d'une synthèse, ou du moins d'une proposition d'assimilation, dans la mesure où l'autonomie de la philosophie était maintenue et qu'elle incluait en même temps des thèmes théologiques.

Cela correspondait aux attentes que l'on pouvait avoir de la philosophie. De cette manière, elle s'ouvrait aux nouvelles questions que se posaient les musulmans et n'était plus restreinte à l'horizon de problèmes transmis par les textes de l'Antiquité. Toutefois, la conception d'Avicenne a suscité de vives critiques. En effet, sa tentative d'accorder à la philosophie une compétence universelle a provoqué le mécontentement de tous ceux qui restaient attachés à une division traditionnelle du travail et ne se sentaient pas exclusivement engagés vis-à-vis d'une discipline particulière. C'est pourquoi il n'est pas étonnant que les représentants de ces disciplines aient à chaque fois élevé des critiques contre la conception d'Avicenne.

Les théologiens, dont la critique fut formulée au XIe siècle, ont donné le coup d'envoi. Leur porte-parole était Abū Ḥāmid al-Ġazālī († 1111), qui compte parmi les religieux les plus excellents de son époque, voire de toute l'histoire culturelle islamique. Son activité est clairement polyvalente, car Ġazālī a mené de front une infatigable productivité et une vie instable, et en partie dramatique. Le premier aspect apparaît dans son œuvre imposante, qui comprend des traités de théologie, de droit, de soufisme, des parénèses et des polémiques. Le second se perçoit clairement dans le fait que, chez lui, les phases d'activité publique alternent brusquement avec une solitude totale. Pour cette raison, Ġazālī s'est senti, en quelque sorte, contraint de justifier son itinéraire de vie dans un récit autobiographique (le célèbre traité *La Délivrance de l'erreur*). La recherche contemporaine a traité de tous ces aspects depuis longtemps. Des études ont évidemment souligné que le cheminement de Ġazālī ne représente pas seulement la lutte personnelle d'un savant, mais qu'il révèle aussi la crise intellectuelle de toute une époque. Cette crise avait plusieurs causes, mais le défi lancé par la philosophie représente sans aucun doute l'un des enjeux les plus frappants. Avicenne avait donné à cette concurrence une nouvelle dimension, si bien que Ġazālī y a entrevu l'une de ses tâches principales.

La manière dont il a abordé ce problème montre d'ores et déjà qu'il ne pouvait jamais se résoudre à une position définitive et achevée. Ġazālī n'a jamais tenté de juger la philosophie comme un tout ni comme une science close sur elle-même. À l'inverse, il était convaincu qu'il fallait la diviser en plusieurs parties, pour les évaluer ensuite de manière différenciée.

La première partie qu'il examine concerne les mathématiques et la logique. Ġazālī leur fait des emprunts explicites et les apprécie sans réserve. En effet, son idée n'est pas seulement que les philosophes ont exposé des réflexions claires et des arguments irréfutables dans ces domaines, mais il enjoint, de plus, les religieux d'en faire de même. Cela vaut surtout pour la logique (l'*Organon*), et au sein de la logique, en particulier pour la théorie de la démonstration (les *Seconds Analytiques*). Pour Ġazālī, elles présentent les fondements sur lesquels doit s'établir toute argumentation scientifique. Pour cette raison, il a lui-même rédigé deux manuels : *La Mesure de la connaissance* et *La Pierre de touche de la pensée* afin d'enseigner la logique aristotélicienne à ses disciples. De cette manière, il entend fonder la théologie, tout comme la jurisprudence, sur une nouvelle base méthodologique. Celles-ci ne doivent plus se limiter à des raisonnements dialectiques, comme le sous-entendait Fārābī de manière ironique. Ces disciplines doivent devenir des sciences démonstratives, s'appuyant sur une exigence de démonstration intégrale.

Le second domaine, que Ġazālī traite séparément, comprend la politique et l'éthique. Il les estime également, mais il juge que les réflexions des philosophes sur ce sujet ne sont pas absolument originales, car elles relèvent plutôt d'opinions généralement répandues qui pourraient tout autant se trouver dans les livres des prophètes, dans les proverbes et les traités des soufis. Ġazālī conçoit la possibilité de réunir les conceptions de la tradition religieuse et philosophique seulement dans ces deux cas-là. Cet aspect est très clair lorsqu'il en vient à parler des thèmes mentionnés dans ses œuvres. L'exemple le plus éloquent est le petit manuel d'éthique, *L'Équilibre de l'action*, dans lequel il a recours à de nombreux philosophes, tout comme à d'anciens soufis.

La philosophie ne devient un réel problème que lorsque l'on se tourne vers le troisième domaine, la physique et la métaphysique qui, si elles sont mélangées, conduisent l'homme à l'erreur. Dans le cas de la physique, ce jugement est valable à quelques réserves près, car elle peut être étudiée sans entrer en conflit avec les principes de la religion. Toutefois, il faut admettre le principe selon lequel les forces naturelles n'agissent pas de manière autonome, mais sont continuellement soumises à la volonté de Dieu (principe que les philosophes méconnaissent selon Ġazālī). En ce qui concerne la métaphysique, la situation est bien plus délicate. En effet, les philosophes ne présupposent pas seulement des prémisses fausses et peu certaines (parce qu'ils ne prennent pas pour point de départ la révélation), ils utilisent également des arguments médiocres (parce qu'ils se contredisent eux-mêmes et sont aveuglés par leur propre théorie). Pour cette raison, Ġazālī a inlassablement répété que le domaine de la métaphysique contient les plus nombreuses et les plus graves erreurs commises par les philosophes.

Cette position fait l'objet de l'une des œuvres personnelles de Ġazālī, *L'Incohérence des philosophes*, qui figure parmi l'un de ses écrits les plus célèbres. Ce traité comprend vingt chapitres, dont chacun est consacré à la démonstration et à la réfutation d'une erreur (seize concernent la métaphysique, et quatre la physique). C'est pourquoi on lit souvent dans la littérature secondaire que cette œuvre constitue un règlement de compte global et implacable avec la philosophie. En réalité, il faut respecter les nuances de ce texte. En effet,

Ġazālī s'attache avec insistance à démontrer dans chaque chapitre une erreur à son adversaire, mais ni la manière dont il articule les reproches, ni l'étendue de cette erreur, ne sont à chaque fois identiques. Dans trois cas particuliers, l'erreur des philosophes lui semble si grave qu'il pense devoir les classer en tant qu'« incroyants » (chapitre 1 : le monde est éternel, chapitre 13 : Dieu connaît les singuliers sur un mode général, chapitre 20 : seule l'âme humaine peut ressusciter, mais pas le corps). Dans neuf cas, Ġazālī emploie le reproche d'« hérésie » (chapitre 2 : le monde dure infiniment, chapitre 3 : le monde n'a pas été créé, mais a été produit par émanation, chapitre 6 : Dieu n'a pas d'attributs, chapitre 7 : Dieu ne partage son genre avec aucune autre chose, d'où le fait qu'il ne puisse pas être défini, chapitre 8 : en Dieu, l'essence et l'existence sont identiques, chapitre 15 : le mouvement des cieux est soumis à une fin déterminée et connaissable, chapitre 16 : contrairement à Dieu, les âmes des cieux saisissent tous les singuliers, chapitre 17 : la nature est un enchaînement nécessaire de causes démontrables, chapitre 18 : les âmes humaines ont été produites par émanation, mais sont immortelles). Dans les huit cas restants, la critique y est plus modérée, Ġazālī reproche aux philosophes de pervertir la vérité, ou d'être « incapables » de produire les preuves de leur conception, celle-ci restant vraie en elle-même (chapitre 4 : Dieu existe, chapitre 5 : il n'y a qu'un Dieu, chapitre 9 : Dieu est incorporel, chapitre 10 : le monde doit avoir été produit, chapitre 11 : Dieu connaît quelque chose d'autre en dehors de lui, chapitre 12 : Dieu se connaît lui-même, chapitre 14 : le ciel est vivant et obéit à la volonté divine, chapitre 18 : les âmes des hommes sont une substance intellectuelle).

Dans l'*Incohérence des philosophes*, Ġazālī s'efforce d'être nuancé. Il ne récuse pas la physique ni la métaphysique des philosophes dans son ensemble, il cherche plutôt à souligner les dangers et les points de rupture qu'elles entraînent. Ce procédé est devenu un modèle pour de nombreux théologiens ultérieurs, et la grille d'évaluation qu'il a appliquée est longtemps restée d'actualité. Chez les auteurs du XIIIe et XIVe siècle, on retrouve des distinctions semblables entre 1) les thèses philosophiques inacceptables d'un point de vue théologique (en général, les trois thèses que Ġazālī avait stigmatisées en tant qu'« incroyantes »), 2) celles qui doivent être corrigées et qui exigent une profonde discussion théologique (nommées « hérésies » par Ġazālī, en particulier la thèse sur la causalité), 3) les autres, considérées comme acceptables, et que l'on trouvait en introduction des manuels de théologie (Dieu en tant que nécessairement-existant, les créatures en tant que possiblement-existantes, l'intellectualité et la substantialité de l'âme, etc.). Il est impossible de décrire ici la manière dont cette polémique a eu lieu dans les points de détail. En effet, ce processus a duré très longtemps (est-il seulement possible de dire qu'il est terminé ?) et il a eu de nombreuses facettes, dont la description n'appartient pas à l'histoire de la philosophie, mais plutôt à l'histoire de la théologie islamique. Pour résumer, il est néanmoins possible de retenir que l'entreprise de Ġazālī consiste en une tentative de répondre très attentivement à Avicenne. Bien que ce dernier ait développé une philosophie qui aborde avec sérieux les préoccupations théologiques, Ġazālī a ouvert une voie opposée. Il a cherché une théologie qui tire parti des mérites de la philosophie (c'est-à-dire de la logique aristotélicienne) et qui profite de certaines thèses convaincantes (en matière d'ontologie, de psychologie ou d'éthique), sans pour autant perdre de vue la clause de réserve stipulant que le système métaphysique des philosophes est incohérent (à cause de sa prétendue indépendance vis-à-vis de la révélation et ses arguments apparemment irréfutables), et que tous ceux qui y croient aveuglément vont à leur perte.

CHAPITRE VIII

L'INTRODUCTION DE LA PHILOSOPHIE
EN ESPAGNE : IBN BĀǦǦA

La critique de Ġazālī a posé les jalons d'un type de réaction à la conception avicennienne d'une métaphysique totale. Cependant, elle n'est pas restée une critique isolée élevée contre cette entreprise, d'autres voix ont pris le relais et ont argumenté d'un point de vue plutôt philosophique. Celles-ci provenaient d'Espagne où de nombreux philosophes de haut rang exerçaient en même temps au XIIᵉ siècle. Ils ont fondé leur propre tradition, originale dans ses réflexions, même si elle reste éphémère du point de vue de la durée. Car, hormis au XIIᵉ siècle, nous ne connaissons presqu'aucun traité important de la plume de musulmans ibériques.

Cet épanouissement a été rendu possible grâce à un processus entamé bien auparavant. Dans la mesure des connaissances que nous possédons sur ce sujet, il semble que les califes de Cordoue, qui ont régné au Xᵉ siècle, ont joué un rôle positif en faveur du progrès des sciences (les mathématiques, l'astronomie, etc.) dans leur royaume. Dans

le cadre de ce processus de réception, des textes philosophiques ont alors également circulé. Il s'agit essentiellement d'ouvrages dont les auteurs jouissaient d'une grande
renommée au Xᵉ siècle, au premier chef Aristote et al-Fārābī.
Il ne leur restait plus qu'à trouver des lecteurs dans la péninsule ibérique, ce qui ne s'est apparemment pas produit au
Xᵉ siècle, ni au XIᵉ siècle, si on laisse de côté les cas particuliers, comme le juriste Ibn Ḥazm († 1064) qui s'est passion-
né pour la logique aristotélicienne. On réserve plutôt à Ibn
Bāǧǧa († 1138 ou 1139) le privilège d'avoir repris ces textes et
d'avoir fondé, en dialogue avec eux, la philosophie dans
l'Espagne islamique.

Cet arrière-plan historique éclaire quelque peu la
manière dont Ibn Bāǧǧa a mené ses réflexions. En effet, il a
produit ses œuvres dans le premier tiers du XIIᵉ siècle.
Cependant, ses écrits ne reflètent absolument pas l'état des
discussions des autres régions du monde islamique à la
même époque. Il est évident qu'il n'avait alors pas à disposition les écrits d'Avicenne. Même les idées de Ġazālī, qui ont
pourtant été très rapidement connues dans la péninsule
ibérique, n'ont exercé que peu d'influence dans ses
réflexions. À l'inverse, il s'est plutôt consacré à des questions
prépondérantes au Xᵉ siècle et dont la conceptualisation est
influencée par Fārābī, ainsi que par d'autres auteurs de
l'école de Bagdad.

Un coup d'œil rapide sur les œuvres conservées
d'Ibn Bāǧǧa le montre déjà avec évidence. Elles reflètent
manifestement le contexte que l'on vient expliquer : son
livre *De l'âme* est une paraphrase traditionnelle de la théorie
de l'âme aristotélicienne, sans faire état de l'influence de
l'interprétation d'Avicenne; ses *Remarques sur la logique*
se concentrent sur les explications de Fārābī, et son

Commentaire à la Physique reprend un sujet auquel Ibn al-Samḥ avait déjà consacré un traité à Bagdad au tournant du millénaire. Cependant, parmi les œuvres d'Ibn Bāǧǧa qui nous ont été transmises, deux témoignent plus particulièrement d'un penseur avec une identité propre, à savoir *La conjonction de l'homme avec l'intellect agent* et *Le régime du solitaire*. Certes, elles s'enracinent dans le cadre philosophique fixé par Fārābī, mais elles le dépassent largement par leurs conclusions.

La conjonction de l'homme avec l'intellect agent pose la question de la fin la plus élevée de notre connaissance (c'est-à-dire de la philosophie théorique) et de notre action (c'est-à-dire de l'éthique). Le titre donne tout de suite la réponse : il signifie que notre effort doit entièrement être tourné vers la conjonction à l'intellect agent. Si l'homme l'atteint, alors il accède à la béatitude. Ibn Bāǧǧa souligne que c'est en elle que consiste le degré d'être le plus haut auquel nous pouvons parvenir. Il considère les autres finalités, en particulier l'idée que les hommes peuvent s'unir à Dieu lui-même, comme erronées – ce qui doit être compris comme une critique explicite de la doctrine des soufis (et, au demeurant, de Ġazālī aussi).

La voie qui mène à la perfection est, comme on peut s'y attendre, la connaissance rationnelle. Ibn Bāǧǧa la décrit exactement comme Fārābī : comme un processus d'abstraction et d'intellection qui se réalise en l'homme par l'intellect possible, lorsqu'il est actualisé. Cependant, sur deux aspects, Ibn Bāǧǧa dépasse les thèses exposées par Fārābī sur le sujet. D'une part, Ibn Bāǧǧa attache une plus grande importance à la distinction des formes spirituelles que l'homme connaît et à la description de leur différence (les formes des intellects cosmiques supérieurs, la forme de l'intellect agent, les formes dans la matière, les formes dans l'âme). D'autre part, il énonce, à propos du processus de connaissance, une affirmation lourde de conséquences. En effet, si les hommes réussissent à se joindre à l'intellect agent, en transformant leurs âmes rationnelles en intellects agents, et s'ils atteignent ainsi la béatitude, alors ils sont clairement, pour Ibn Bāǧǧa, parvenus à un stade où leurs âmes individuelles ne se distinguent plus les unes des autres. Bien plus, les hommes possèdent alors tous la même perfection et existent ensemble en étroite communauté.

Cette thèse n'est pas restée sans effet sur l'épistémologie postérieure. Comme nous le verrons ensuite, elle a exercé une profonde influence sur Averroès, qui en tirera sa doctrine de l'unicité de l'intellect possible. Qui plus est, Ibn Bāǧǧa a également influencé les réflexions philosophiques sur la politique, grâce au deuxième texte important de sa plume, intitulé le *Régime du solitaire*.

Cette œuvre commence également par des discussions que l'on trouve presque à l'identique chez Fārābī. De la même manière que ce dernier, Ibn Bāǧǧa explique que la forme idéale de la communauté humaine est une cité vertueuse et parfaite, où les philosophes seraient à la tête du gouvernement. Toutefois, le penseur espagnol du XIIe siècle ne semble plus avoir confiance dans l'idéal transmis par Fārābī au Xe siècle, hérité de la tradition platonicienne. En effet, après avoir dépeint la cité parfaite, il décrit en détail les formes de dégénérescence que peut rencontrer une constitution politique. C'est pourquoi Ibn Bāǧǧa ne donne pas l'impression de répéter les analyses de ses prédécesseurs. Sa critique semble bien plus réaliste et en phase avec son époque, ce qui s'explique par le fait qu'Ibn Bāǧǧa avait acquis une grande expérience des hautes fonctions politiques.

Un problème se pose alors, qui revêt une importance considérable pour la compréhension du philosophe par lui-même. En effet, s'il reconnaît que ses idées n'ont aucune influence sur la communauté, il doit s'interroger sur le sens de ses réflexions et de l'ensemble de son projet de vie. Ibn Bāǧǧa en donne une réponse sous la forme d'une alternative : ou les philosophes doivent s'efforcer d'agir comme de la « mauvaise herbe » dans leur cité et initier le mouvement en vue d'une amélioration future de la communauté; ou alors, les philosophes doivent se retirer totalement de la vie publique, devenir comme étrangers en ce monde, et « voyager en esprit dans d'autres espaces qui sont pour eux comme leur patrie ».

En définitive, cela semble bien plus pessimiste que chez Fārābī. En effet, celui-ci avait également décrit les différentes formes de cités corrompues. Mais cela ne change rien au fait qu'il avait mis l'accent sur la constitution idéale et sur *Les principes des opinions des habitants de la cité vertueuse* (*cf.* p. 46-47). Il en va autrement pour Ibn Bāǧǧa : pour lui, la cité parfaite ne semble n'être qu'un espoir éloigné de la réalité. C'est pourquoi il n'essaie pas de garantir la béatitude de l'homme en vertu de sa participation à une communauté politique idéale. Ceci est particulièrement évident dans les deux œuvres que nous avons considérées. Elles se complètent l'une l'autre et donnent à tous ceux qui s'adonnent à la philosophie le même conseil : ils doivent opter pour *Le régime du solitaire*, et s'efforcer, de cette manière, d'atteindre *La conjonction de l'homme avec l'intellect agent*.

CHAPITRE IX

UNE TENTATIVE DE SYNTHÈSE : IBN ṬUFAYL

Ce conseil d'Ibn Bāǧǧa a trouvé un écho chez ses successeurs. On le remarque chez le philosophe que nous rencontrons ensuite sur la péninsule ibérique : Abū Bakr Ibn Ṭufayl († 1185). Ce dernier n'avait aucune raison de se plaindre des relations politiques dans son pays, c'est-à-dire sous le règne des Almohades qui s'étendait sur le Maroc et sur une grande partie de l'Espagne. En effet, Ibn Ṭufayl a profité pendant sa vie de leur régime, tout d'abord comme secrétaire et médecin à Grenade, puis à Ceuta et à Tanger, où il a exercé les mêmes fonctions, et enfin comme médecin particulier du Sultan à Marrakech. Cependant, il n'était pas disposé à accorder à la cité un rôle important dans la recherche du bonheur des hommes. À l'inverse, ses réflexions ont renforcé la tendance de séparer le chemin de vie des philosophes de la vie en communauté. Alors qu'Ibn Bāǧǧa avait pensé qu'il fallait se tenir à distance de la politique dans les périodes troublées ou dans les cités corrompues, Ibn Ṭufayl explique, quant à lui, que le retrait de la vie publique est l'idéal qu'il faut chercher principalement à atteindre.

C'est ce qu'il démontre dans le seul écrit que nous possédons de lui, à savoir un court roman, mais qui a connu une large réception, intitulé *Le vivant fils du voyant* (*Ḥayy b. Yaqẓān*). Il décrit la manière dont Ḥayy passe tout seul de l'enfance à l'âge d'homme sur une île tropicale. Par là, Ibn Ṭufayl introduit de nombreuses remarques (psychologiques ou pédagogiques) que l'on ne se serait absolument pas attendu à trouver dans un texte philosophique. Toutefois, l'auteur suit dans son texte un but clairement défini. Il s'agit pour lui de démontrer l'autonomie de l'intellect humain. En ce sens, il décrit la manière dont Ḥayy b. Yaqẓān comprend progressivement le monde qui l'environne et s'avance en définitive vers la connaissance suprême que l'homme peut atteindre, et ce sans l'aide d'aucun maître ni prophète.

Cette présentation couvre une période de cinquante ans. Cependant, Ibn Ṭufayl articule sa démonstration en plusieurs moments, en résumant tous les sept à quinze ans l'évolution de son héros, et en lui attribuant un progrès dans la connaissance. Ainsi, les sept premières années sont placées sous le signe de la découverte de l'enfance. À ce moment, Ḥayy est élevé par une gazelle qui l'a adopté, et il s'initie aux sentiments élémentaires (sympathie, solidarité) et aux stratégies de survie (recherche de la nourriture et autodéfense). La seconde phase, jusqu'à l'âge de 21 ans, est l'occasion d'obtenir ses propres connaissances. Celles-ci sont pour la plupart d'ordre pratique, comme la construction d'une cabane ou la découverte du feu. Ce faisant, Ḥayy acquiert également quelques intuitions d'ordre théorique, par exemple, lorsqu'à la mort de la gazelle, il comprend que le vivant n'est pas composé que d'un corps, mais aussi d'un esprit qui se sépare lors de la mort (c'est-à-dire le *pneuma*). La troisième partie est placée sous le signe de la logique et de la physique. À ce moment, Ḥayy apprend à différencier les individus des genres, la forme de la matière et les effets des causes. Ceci ouvre la voie à deux nouvelles découvertes : le concept de forme conduit à l'idée d'âme, et la compréhension de la causalité l'amène à l'hypothèse que la totalité de la nature qui l'entoure provient d'une cause supérieure. À partir de ce principe, il peut connaître Dieu dans la partie suivante (jusqu'à l'âge de 35 ans). Sur ce point, la cosmologie lui est d'une aide précieuse, dans la mesure où l'observation des corps célestes lui permet de concevoir que l'auteur de ce système majestueux doit être tout-puissant, omniscient et miséricordieux. Suite à cette idée, Ḥayy se propose un nouveau but : il veut comprendre l'essence parfaite qui a créé le ciel et la terre. C'est pourquoi, Ḥayy s'efforce dans la phase suivante de son existence (jusqu'à l'âge de 50 ans) de se détacher du monde sensible par des exercices spirituels, ce à quoi il parvient. Enfin, Ḥayy saisit ce que « aucun œil n'a jamais vu, aucune oreille n'a jamais entendu, aucun cœur humain n'a jamais perçu » (citation empruntée par Ibn Ṭufayl à la Sunna des prophètes, à comparer avec la première Épître aux Corinthiens, 2, 9). Transporté par cette idée, il ne veut se consacrer dorénavant qu'à la vision de Dieu et ne plus quitter l'état de béatitude qu'il a atteint.

Le roman pourrait très bien se terminer à cet endroit. Or, Ibn Ṭufayl ne nous laisse pas sur cette perspective pleine de promesses, il ajoute un épilogue à son tableau, que voici : sur une deuxième île voisine vit une communauté religieuse (c'est-à-dire musulmane). Elle entre en contact avec Ḥayy, alors qu'âgé de cinquante ans, il a atteint le stade de la connaissance parfaite. Ḥayy se réjouit de cette compagnie inopinée et commence à discuter des problèmes qui l'occupent depuis longtemps. Il s'imagine que les habitants

de l'île voisine s'accordent sur tous les points essentiels
(existence de Dieu, création du monde, destination de
l'homme) qu'il a acquis dans la solitude. Or, ceci ne peut pas
masquer la différence qui les sépare. En effet, la vérité dont
parle Ḥayy, il l'a saisie à nu. En revanche, la communauté
religieuse tient seulement son savoir d'instructions et de
symboles, autrefois transmis par un prophète. Le message
ultime du roman indique qu'il existe plusieurs voies de salut,
car les hommes se distinguent selon leur capacité de compréhension. Qui plus est, la plupart sont hostiles à la spéculation
et se contentent des représentations imagées, offertes par la
tradition religieuse. Peu d'entre eux, en revanche, ne peuvent
trouver la paix que lorsqu'ils ont connu la vérité pure.

C'est sur ce bilan que le cercle se referme : ce qui
est annoncé s'appuie sur des réflexions qui proviennent
d'anciens auteurs. On peut tout à fait affirmer que *Le vivant
fils du voyant*, bien qu'original dans sa forme, demeure
cependant un texte philosophique traditionnel. Cette appréciation ne vaut pas simplement à cause des concepts utilisés
par Ibn Ṭufayl dans son argumentation (individu, genre,
forme, matière, intellect, cause première, etc.) qui sont
empruntés au répertoire commun, fait d'un agencement de
termes aristotéliciens et néoplatoniciens. Ceci vaut également
pour la plupart des thèses qu'il soutient : la philosophie
comme science démonstrative, la religion comme forme
d'expression symbolique. Ces thèses relayent des conceptions
courantes dans la communauté philosophique en terre
d'Islam depuis Fārābī.

Toutefois, il ne faut pas réduire ce texte à sa dette à
l'égard d'œuvres antérieures. Il contient en effet, en plus de
nombreuses réflexions déjà connues, un message qui n'avait
été soutenu par aucun philosophe antérieur. Ce message

forme le cœur du roman, à savoir l'immersion béatifiante
d'Ḥayy dans la connaissance suprême. La manière dont Ibn
Ṭufayl l'a décrite ne s'explique pas (ou alors, pas seulement)
par la tradition philosophique, elle ne devient compré-
hensible que si on la replace dans la tradition du soufisme (et
également, en partie, dans de cadre de la théologie).

Il convient de préciser encore quelque peu ce constat.
En effet, Ibn Ṭufayl a doté son roman d'une petite introduction qui replace sa propre conception dans le contexte de
l'histoire intellectuelle. Celle-ci indique notamment que la
vision de Dieu décrite dans les pages suivantes ne se réfère
pas à Ibn Bāǧǧa. Elle ne se réfère pas non plus à Aristote ou à
Fārābī qui ont donné des indications contradictoires sur ce
sujet. Ses références proviennent plutôt de deux autres
auteurs : Avicenne et al-Ġazālī. En effet, en dépit des conceptions divergentes qui ont circulé à leur propos, ces deux
penseurs ont en définitive poursuivi une finalité semblable, et
ont tous deux atteint le degré de connaissance suprême.

Ibn Ṭufayl a rédigé son roman afin d'illustrer cette thèse.
C'est ce que prouvent manifestement ses déclarations au
sujet de l'expérience visionnaire de Ḥayy, qui lient la doctrine
de l'âme rationnelle d'Avicenne (la conscience de soi comme
point de départ de la connaissance, la rationalité de la voie de
la connaissance, le perfectionnement de l'âme individuelle) à
des éléments conceptuels qui proviennent de Ġazālī (les
exercices spirituels préparatoires à la connaissance suprême,
la conjonction à Dieu même, et non à l'intellect agent ; le
« goût » comme forme la plus parfaite du savoir). Il est
superflu de démontrer plus avant que ce jugement est fondé.
Ibn Ṭufayl présente une prise de position sérieuse dans les
débats philosophiques de son époque. À la toute fin, il semble
que ce qu'il propose soit une nouvelle tentative de réponse à

la philosophie d'Avicenne : à la différence de Ġazālī, il n'entend pas la critiquer, à la différence Ibn Bāǧǧa, il ne veut pas avoir recours à Fārābī. Il semble plutôt convaincu du fait qu'avec un peu de bonne volonté, il est possible de trouver une synthèse des préoccupations d'Avicenne et de Ġazālī.

CHAPITRE X

LE RETOUR À ARISTOTE : AVERROÈS

L'idée d'une synthèse entre Avicenne et Ġazālī a été, comme on l'a dit, annoncée sous le règne des Almohades à Marrakech. Elle a été, entre autres, entendue par un jeune homme, qui s'intéressait à toutes les questions scientifiques : Abū l-Walīd Ibn Rušd, mieux connu en Europe sous le nom d'Averroès († 1198). Sa vie montre quelques parallèles avec la carrière d'Ibn Ṭufayl. Il est également parti d'Espagne, dans son cas de Cordoue, vers l'Afrique du Nord. Lui aussi était un médecin cultivé (et juriste également) qui s'est plongé dans les études philosophiques. En outre, il a commencé à écrire des commentaires aux œuvres d'Aristote justement parce qu'Ibn Ṭufayl ne voulait pas assumer cette entreprise, et qu'il avait alors suggéré au Sultan de confier cette tâche à son jeune collègue. Cependant, ces deux penseurs demeurent difficilement comparables l'un à l'autre. En effet, la conception de la philosophie et de l'histoire de la philosophie d'Averroès est radicalement différente de celle d'Ibn Ṭufayl. Pour cette raison, il chercha une autre manière d'aider la philosophie à sortir des turbulences que les discussions des XIe et XIIe siècles avaient provoquées.

Cette différence se remarque déjà dans la question de savoir si l'on doit nécessairement philosopher. Clairement ce problème n'a pas effleuré Ibn Ṭufayl, alors qu'Averroès l'a pris tellement au sérieux qu'il y a consacré une œuvre à part, intitulée *Le Traité décisif*. Ce titre doit être absolument pris au sens littéral, car Averroès ne se contente pas de défendre ses idées grâce à des arguments philosophiques, il entend plutôt aboutir à une décision juridique pour déterminer si « l'étude de la philosophie et de la loi religieuse est permise par la loi (révélée), ou si elle la condamne, si elle la prescrit soit en tant que recommandation ou en tant qu'obligation ».

Pour ce faire, il se réfère au Coran, principale source de la juridiction islamique. Il y trouve des affirmations telles que : « Apprenez donc, vous qui êtes doués de clairvoyance » (sourate 59, verset 2) ou « N'ont-ils pas médité sur le royaume des cieux et de la terre, et toute chose qu'Allah a créée ? » (sourate 7, verset 185). Selon Averroès, elles apportent la preuve que les hommes doivent réfléchir à la structure du monde et à leur propre origine. Et bien plus, cette réflexion doit s'effectuer de la meilleure manière qui soit, puisqu'il est indiqué plus loin dans le Coran : « Par la sagesse et la bonne exhortation appelle (les gens) au sentier de ton Seigneur. Et discute avec eux de la meilleure façon » (sourate 16, verset 125). Or, la meilleure forme de pensée est celle qui peut prouver ses résultats. Il s'agit de la philosophie, qui ne se réfère comme aucune autre science à la théorie de la démonstration d'Aristote. De la sorte, Averroès tient pour première conclusion de ses réflexions que le Coran (et également la Charia) ne recommande pas simplement aux hommes de pratiquer la philosophie, mais qu'il le prescrit de manière nécessaire (*wāǧib*).

Cependant, cette obligation n'incombe pas de la même manière à tous. En effet, Averroès distingue, tout comme ses prédécesseurs, plusieurs genres d'hommes. Certains sont capables de saisir les démonstrations des philosophes, et les autres ne comprennent que les arguments rhétoriques ou dialectiques, c'est pourquoi ils sont dispensés de l'impératif de pratiquer la philosophie. Cependant, cette affirmation reste provocante, car elle signifie en même temps que la philosophie est obligatoire pour tous ceux qui possèdent un intellect fort. Si Averroès veut déduire cette obligation du Coran, il doit expliquer pourquoi d'autres auteurs (tel Ġazālī) ont accusé les philosophes d'hérésie, tout en se référant également au Coran.

Or, le *Traité décisif* nous apporte un élément de réponse. Il ne s'agit plus d'une réflexion juridique, mais d'un examen des principes de l'exégèse coranique. Averroès insiste sur le fait que l'Écriture sacrée ne doit pas être toujours interprétée de la même manière. Elle comprend en effet trois genres d'énoncés distincts, qui requièrent une analyse herméneutique différente. 1) Le premier groupe est composé de versets qui, comme il l'explique, sont évidents par eux-mêmes. Ils peuvent être clairement saisis aussi bien au moyen de la démonstration qu'au moyen de la dialectique ou de la rhétorique. Un exemple en est donné par la phrase « Il n'y a pas de Dieu en dehors de Dieu », qui est claire pour chaque homme, sans qu'il soit nécessaire d'en dévoiler la signification de manière allégorique. 2) Un deuxième groupe de versets devient évident lorsqu'ils sont prononcés à haute voix. Ils doivent être compris de manière littérale par les gens simples. Ceci vaut notamment pour l'énoncé :

« Le Très-Miséricordieux s'est établi sur le trône »
(sourate 20, verset 5), que la plupart des croyants interprètent
comme si Dieu était assis sur son trône, ce qui correspond
à leur représentation du pouvoir. Or, celui qui dispose
d'un degré de compréhension plus haut sait bien que Dieu
est incorporel, et qu'il ne peut être en aucun lieu. Par
conséquent, ceux qui possèdent un intellect fort savent qu'un
tel verset doit être interprété allégoriquement. 3) Pour finir,
il existe un troisième groupe de versets. À leur sujet, il est
établi qu'il ne faut les comprendre ni au sens littéral, ni au
sens figuré. L'exemple paradigmatique est donné par les
énoncés concernant la résurrection. Nous ne pouvons pas les
vérifier, au sens de prouver, car nous ne nous savons tout
simplement pas sous quelle forme (corporelle, spirituelle ou
individuelle ?) cela se produit au moment venu. Dans de
tels cas, Averroès insiste sur le fait que les savants peuvent
soutenir des opinions contraires, dans la mesure où aucun
d'entre eux n'est en mesure de prouver sa théorie par une
démonstration. Pour cette raison, personne ne devrait être
accusé d'hérésie pour ses opinions, sauf s'il nie le dogme
lui-même (par exemple, dans le cas présent, la résurrection),
ou s'il contredit l'un des principes fondamentaux de l'Islam.

L'exégèse coranique laisse à Averroès la latitude dont il a
besoin. Elle renforce la conclusion de son analyse juridique,
dans la mesure où elle justifie que les énoncés de la révélation
sont, quand ils sont correctement interprétés, en accord
avec les thèses philosophiques. Si tel est bien le cas, alors il
n'y a pas de raison de jeter le discrédit sur les philosophes.
Celui qui le fait malgré tout se trompe nécessairement.
Cette appréciation est également valable pour Ġazālī, qui
avait affirmé dans son traité *L'Incohérence des philosophes*

que ces derniers étaient dans l'erreur sur vingt points déterminants (*cf.* p. 74-75).

La seconde tâche majeure d'Averroès est justement la réfutation de Ġazālī. Et celle-ci demeure entièrement à accomplir, dans la mesure où ni Ibn Bāǧǧa (qui ne connaissait pas le texte), ni Ibn Ṭufayl (qui avait délibérément ignoré cet aspect par souci d'harmonie) n'avaient répondu en bonne et due forme aux objections soulevées dans *L'Incohérence des philosophes*. Averroès avait bien conscience que de telles attaques à l'encontre de la philosophie ne pouvaient pas être mises de côté, sans aucun commentaire. De ce fait, il a pris en charge l'accusation et a rédigé une réplique, *L'Incohérence de l'incohérence*, où il reprend terme à terme toutes les critiques de Ġazālī et s'efforce de les réfuter.

Les arguments qu'il mentionne sont dignes d'intérêt, parce qu'ils portent sur plusieurs aspects. D'une part, Averroès pare les attaques de Ġazālī, d'autre part, il critique également ses prédécesseurs, et au premier chef Avicenne, dont les affirmations inconsidérées ont rendu la philosophie inconséquente et vulnérable. En même temps, Averroès s'efforce de réhabiliter la tradition philosophique. Pour cette raison, il prête attention au fait de la mettre à l'abri de toutes les critiques élevées par Ġazālī. Celles-ci culminent dans l'affirmation que les philosophes ont développé l'incroyance (*kufr*) parce qu'ils enseignent 1) l'éternité du monde (chapitre I de *L'Incohérence des philosophes*), 2) que Dieu ne connaît les singuliers que de manière générale (chapitre XIII) et 3) que l'homme ne peut ressusciter qu'avec son âme, et non avec son corps (chapitre XX).

Averroès récuse ces attaques avec fermeté, en faisant valoir les arguments suivants : 1) le Coran ne dit jamais que le monde a été créé à partir de rien et dans le temps. Si on y trouve des énoncés sur l'origine du monde, ils indiquent plutôt qu'il a été produit à partir d'une matière éternelle. Ainsi le verset 7 de la sourate 11 : « Et c'est Lui qui a créé les cieux et la terre en six jours, alors que Son Trône flottait sur l'eau ». De tels versets ne sont pas absolument clairs et ils laissent aux philosophes et aux théologiens de la place pour l'interprétation. Par conséquent, aucun parti ne peut accuser l'autre d'avoir emporté la conviction des incroyants. 2) Il en va pareillement de la question de la connaissance divine. Sur ce point aussi, les philosophes sont mal compris. Ils ne nient pas que Dieu connait les particuliers, mais ils soulignent simplement que ce genre de connaissance doit être distingué de la forme de la connaissance humaine. Les hommes acquièrent leur savoir progressivement, et leur connaissance provient de l'observation des choses individuelles. En Dieu, c'est l'inverse : son savoir comprend de toute éternité toute chose (ce qui inclut aussi la connaissance humaine), ce qui a été ou est une condition préalable au fait que les particuliers sont engendrés ou s'engendrent les uns à la suite des autres. 3) Enfin, il faut réparer le tort subi par les philosophes au sujet de la résurrection. Ce qu'ils enseignent à ce propos ne se place pas en contradiction avec le Coran. La raison en a déjà été donnée dans le *Traité décisif* : il n'est pas possible d'interpréter les passages du Coran où il est question de la résurrection ni au sens littéral ni au sens figuré. C'est pourquoi celui qui en donne une autre interprétation ne peut pas être tenu responsable de l'incroyance.

De la sorte, tous les points essentiels semblent clarifiés. Averroès a conféré à la philosophie sa légitimité, tant dans sa prétention fondamentale (dans le *Traité décisif*) que dans ses thèses particulières (dans *L'Incohérence de l'incohérence*). À partir de là, il s'autorise à se consacrer à ses propres réflexions philosophiques, comme nous le voyons dans un autre genre de textes que ceux que nous avons considérés jusqu'ici. Il s'agit des nombreux manuels, paraphrases explicatives et commentaires sur l'œuvre d'Aristote (par exemple *Le Grand Commentaire à la Métaphysique*) et sur la *République* de Platon.

C'est dans ces œuvres qu'il développe son système de pensée. L'enjeu n'est pas, pour Averroès, d'ouvrir la philosophie à de nouvelles perspectives, mais bien de trouver le chemin de la vérité. Selon lui, la vérité est bien connue, puisqu'elle a déjà été défendue par Aristote. En effet, Aristote nous a appris à comprendre la nature qui nous entoure et à déduire des conclusions infaillibles sur la totalité de l'être. Or cette compétence a été perdue, car des penseurs, comme Avicenne, ont allié la philosophie à la théologie (et l'aristotélisme au néoplatonisme) et ont également confondu le niveau de la démonstration avec celui de la dialectique et de la rhétorique. De la sorte, la philosophie a perdu sa cohérence originelle et elle a subi les assauts critiques de Ġazālī.

Afin d'inverser ce processus, Averroès en revient à Aristote. Ceci le conduit en de nombreux cas à remplacer les « nouvelles » thèses que ces prédécesseurs avaient développées (par exemple, la séparation avicennienne entre l'essence et l'existence, le modèle cosmologique de Fārābī avec Dieu au sommet en tant que cause efficiente) par des thèses « classiques » de la doctrine aristotélicienne (les substances comme éléments de base de l'étant, Dieu comme cause du mouvement). Cependant, Averroès ne peut pas juste se contenter de restituer à l'identique la philosophie d'Aristote. Il en a bien conscience lui-même, car ses remarques indiquent qu'il est très bien informé des différentes interprétations disponibles des œuvres d'Aristote (celles d'Alexandre d'Aphrodise, de

Thémistius, de Simplicius, de Jean Philopon, etc.). Aussi Averroès fait-il, de son côté, une exégèse des textes d'Aristote. Il discute les problèmes présents dans le corpus aristotélicien et compare les différentes interprétations qui en ont été données. C'est ainsi qu'il parvient, par une confrontation érudite des diverses tentatives de solution, à une série de réponses, absolument nouvelles et originales dans leur conception.

L'un des exemples les plus explicites se trouve dans sa théorie de l'intellect, qui joue un rôle prépondérant dans ses réflexions. L'enjeu n'est pas, pour lui, de réfléchir sur la place de l'intellect agent (qui a été mis au premier plan par Ibn Bāǧǧa et Ibn Ṭufayl), mais de déterminer la manière dont opère l'intellect possible (ou matériel). La plupart des auteurs anciens défendent à son propos une même opinion. En effet, Kindī, comme Fārābī ou Avicenne (tout comme leurs successeurs), pensent que chaque homme possède un intellect possible, auquel ils assignent une fonction importante, dans la mesure où il garantit la béatitude de l'individu (ce qui se réalise dans certaines limites pour Fārābī). Lorsque l'homme acquiert la connaissance, cela signifie qu'il actualise son intellect possible, ce qui lui offre un accès au monde spirituel éternel.

Or Averroès s'oppose à une telle conception. Il y a, selon lui, plusieurs raisons qui démontrent qu'il n'y a qu'un seul intellect possible universel. D'une part, il faut différencier le niveau de la connaissance des particuliers (c'est-à-dire celui de l'homme individuel) du niveau de la connaissance générale (à savoir ici la connaissance intellectuelle). À l'individu appartiennent les activités qui correspondent à son existence singulière, corporelle et sensible. On y trouve tous les actes qui ont trait à nos impressions sensorielles (perception, imagination, représentation, etc.). Ils sont coordonnés par une âme individuelle qui se corrompt avec le corps. En revanche, selon la conception d'Averroès, la connaissance intellectuelle ne relève pas du domaine des individus. Elle dépasse les conclusions obtenues sur la base de perceptions singulières, dans la mesure où elle abstrait un concept à partir d'elles. Les concepts sont universels, et leur connaissance est identique pour tous les hommes (si on pense, par exemple, aux lois mathématiques). Par conséquent, Averroès en déduit que l'instance de connaissance doit être la même pour tous les hommes. Un second argument provient de l'intellect possible. Avant de penser, il n'est qu'une pure potentialité. Averroès le définit comme « ce qui est en puissance toute forme (intelligible) appartenant aux formes matérielles universelles » et qui donc, « avant l'acte de comprendre, n'est en lui-même aucun étant actuel ». En tant que puissance, il est incorporel ; et en tant que puissance, il subsiste toujours. Ceci plaide en faveur d'un intellect potentiel unique et éternel, qui garantit par son activité (philosophique) l'immortalité du genre humain (mais non de l'homme singulier).

CHAPITRE XI

LA PHILOSOPHIE COMME ILLUMINATION :
SUHRAWARDĪ

Les idées d'Averroès ont été rapidement connues et ont rencontré un large écho. Ceci vaut en particulier en Europe, où ses commentaires aux œuvres d'Aristote ont été aussitôt lus dans leurs traductions latines (ou hébraïques), ce qui a perduré malgré les critiques qu'ils ont subies (à commencer par celle de Thomas d'Aquin dans son traité, *L'Unité de l'intellect contre les averroïstes*, daté de 1270), et ce jusqu'au XVIᵉ siècle. Cette évolution est un peu moins remarquable en ce qui concerne le monde islamique, où Averroès a toutefois trouvé également des lecteurs. Parmi ces derniers, on dénombre non seulement Ibn Ṭumlūs, son disciple immédiat (début du XIIIᵉ siècle, Maghreb), mais aussi, dans une perspective différente, Ibn Ḥaldūn (XIVᵉ-XVᵉ siècle, Maghreb et Égypte), Taşköprüzade (XVIᵉ siècle, Empire ottoman) et Mullā Ṣadrā (XVIIᵉ siècle, Iran). En ce sens, il est inexact d'affirmer, comme le fait la littérature secondaire, que les idées d'Averroès n'étaient pas connues des musulmans, et qu'elles n'ont exercé d'influence qu'en

Europe. Cependant, l'intérêt qu'elles ont suscité dans le monde islamique reste faible par rapport à l'Europe. Il se limite à quelques questions, discutées entre savants. Il reste que le courant de la philosophie a pris d'autres chemins, et a placé au devant de la scène des auteurs, dont les conceptions entraient clairement en contradiction avec la pensée d'Averroès.

Šihāb al-Dīn al-Suhrawardī († 1191) est de ceux-là. Originaire du nord-est de l'Iran, il a étudié la théologie et la philosophie à Maragha (Azerbaïdjan) et à Ispahan, puis il a passé une longue période de sa vie à Bagdad. Il acquiert une notoriété en 1183, lorsqu'âgé d'à peine trente ans, il arrive à Alep. Il réussit à devenir le précepteur d'un des fils du célèbre Saladin, qui régnait à cette époque depuis le Caire jusque sur toute l'Égypte, la Palestine et la Syrie. Cela donnait à Suhrawardī l'espace dont il avait besoin pour son travail, car c'est à partir de ce moment qu'ont paru la plupart de ses œuvres philosophiques. Il a rédigé deux types de textes : 1) des traités systématiques comme *Les élucidations*, *La sagesse illuminative* et *Les Temples de la lumière*, générale-ment écrits en arabe, 2) des écrits allégoriques tels que *L'Incantation du Simurgh*, *La Langue des fourmis*, *L'Archange empourpré*, où il emploie plutôt le persan. Cependant, son succès à la cour et sa position privilégiée furent de courte durée. Quelques années plus tard, Suhrawardī était confronté à de lourdes accusations. Elles eurent pour conséquence qu'il perdit le soutien de son protecteur et fut jeté en prison. En 1191, il fut exécuté sur l'ordre de Saladin (qui n'était manifestement pas aussi tolérant que le suggère sa réputation actuelle).

On a beaucoup spéculé sur les raisons de cette disgrâce, tant dans la littérature secondaire que dans les sources médiévales. De nombreuses hypothèses ont été émises pour l'expliquer : les possibles sympathies dont Suhrawardī aurait témoigné à l'égard du chiisme, et plus particulièrement pour les ismaéliens (*cf.* p. 51), le fait qu'il pourrait avoir soutenu des thèses hérétiques et exercé une influence pernicieuse sur le fils de Saladin. C'est peut-être plus simplement la rivalité avec d'autres savants, ayant moins de succès à la cour, qui l'a conduit à sa perte. Leur jalousie a très probablement joué un rôle, mais cela suppose que les concurrents de Suhrawardī avaient des arguments pour étayer leurs griefs. Suivant cette dernière hypothèse, on a pu chercher les raisons de son déclin dans sa doctrine et plus particulièrement dans l'un de ses aspects : sa « philosophie politique », ou plutôt les conséquences politiques de sa philosophie.

Celles-ci ont pu effectivement jouer un rôle dans la tournure prise par les événements. Telle est, en tout cas, l'impression que l'on peut retirer de la lecture de certains passages, comme l'introduction à son œuvre majeure *La sagesse illuminative*. Suhrawardī pose la question de savoir à qui revient le gouvernement politique (*ri'āsa* ou *ḫilafa*) dans une cité. Il y avait un certain consensus parmi les auteurs que nous avons étudiés jusqu'ici car ils expliquaient tous de manière unanime (depuis Fārābī) que la direction de la cité incombait au philosophe. Il en va autrement chez Suhrawardī qui souligne que les philosophes ne possèdent pas la connaissance la plus haute, et partant, ne peuvent pas détenir la plus haute autorité dans la communauté. Selon lui, il existe trois types de sages (*ḥakīm*) : 1) ceux qui ont pénétré en profondeur les choses divines (*ta'alluh*), 2) ceux dont le savoir repose seulement sur les recherches philosophiques (*baḥṯ*) 3) et d'autres encore, qui excellent dans ces deux voies de connaissance. Ces derniers seraient des dirigeants idéaux, mais ils sont, comme le concède Suhrawardī, très rares. C'est pourquoi la décision ne porte généralement plus que sur la question de savoir si le gouvernement de la communauté doit être confié à une personne du premier type ou du second. La réponse de Suhrawardī sur ce point est très claire, car il souligne avec force que le gouvernement politique ne devrait jamais être laissé aux philosophes. En effet, il existe toujours dans le monde une personne, qui a une connaissance du divin et qui possède une vision immédiate de Dieu (*talaqqin*), pour cette raison, celle-ci sera mieux qualifiée pour gouverner la communauté.

Bien que cet énoncé semble résolument déterminé, il se laisse pourtant interpréter de diverses manières. En effet, le plaidoyer de Suhrawardī en faveur de la forme de connaissance immédiate est susceptible de s'inscrire dans plusieurs contextes. D'un côté, on peut le concevoir comme un point de polémique religieuse, ou même de politique religieuse. En effet, ses propos peuvent se lire comme un aveu de chiisme. Selon la théorie de la plupart des chiites, il existe toujours sur Terre un imam (caché ou visible) qui doit diriger l'ensemble de la communauté parce qu'il commande par sa connaissance de Dieu. D'autre part, il est possible de replacer les réflexions de Suhrawardī dans un contexte philosophique. Elles ne tournent plus autour de la question de l'imamat, mais ouvrent une perspective bien plus profonde. Dans ce cas, il s'agit de savoir comment les hommes peuvent parvenir à cette connaissance, et quelle est la voie pour acquérir un savoir certain et assuré pour tous.

Suhrawardī a consacré toute sa vie à ce problème. On pourrait même dire qu'il s'agit d'un fil conducteur dans toutes ses œuvres, qu'elles soient systématiques ou allégoriques. Dans chacune d'elles, Suhrawardī tente d'apporter une réponse convaincante à la question des conditions de la connaissance. Un concept occupe une place centrale dans ses réflexions, celui d'illumination (*išrāq*), un terme qui n'est pas caractéristique de sa seule pensée, mais également de toute une tradition philosophique ultérieure qui, par référence à Suhrawardī, se donnera le nom de philosophie de l'illumination (*ḥikmat al-išrāq*). Cependant, ce concept n'est pas absolument nouveau, il se décrit plutôt comme une transformation originale de représentations anciennes. Plusieurs prémisses ont pu jouer un rôle dans la formation de ce concept (que cite Suhrawardī, plutôt dans le but de légitimer ses propres réflexions), mais les impulsions les plus importantes proviennent, à nouveau, d'Avicenne.

Il y a dans l'épistémologie d'Avicenne deux lignes fondamentales mais distinctes (*cf.* p. 66-70). D'un côté, il décrit le mécanisme de la connaissance à la manière d'Aristote dans l'*Organon*, c'est-à-dire comme un processus graduel qui s'opère dans le syllogisme et qui progresse des axiomes et des présupposés fondamentaux à l'explication de faits complexes. D'un autre côté, Avicenne explique également que certains hommes (les philosophes ou les prophètes) peuvent parvenir à une connaissance immédiate, parce qu'ils détiennent une faculté particulière de connaissance, l'intuition (*ḥads*). Toutefois, ces deux voies de connaissance en principe n'entrent pas en concurrence. En effet, Avicenne voulait introduire avec le concept d'*ḥads* (qui a également une origine aristotélicienne) une autre forme de connaissance. Posséder l'intuition signifie pour lui simplement que quelqu'un détient la capacité de parcourir le long chemin des axiomes, des définitions, des jugements et des syllogismes d'un seul coup et sans effort. Cependant, le processus de connaissance demeure en tant que tel inchangé. En effet, même les connaissances acquises de manière intuitive restent soumises aux règles logiques qu'Aristote avait établies dans l'*Organon*.

Suhrawardī entend abroger ce lien, car selon lui, la conception d'Avicenne lie deux choses sans aucun rapport entre elles. L'une est le concept d'intuition, auquel Suhrawardī accorde une grande valeur et qu'il élève au rang de modèle prédominant pour l'explication du processus de connaissance. On serait même tenté d'affirmer que son épistémologie repose sur le présupposé que toute notre connaissance s'opère de manière intuitive. L'autre est la logique aristotélicienne, que Suhrawardī critique avec virulence et qu'il condamne parce qu'elle mène à l'erreur. De la sorte, il rompt avec la longue tradition qui a privilégié l'*Organon*, ce qui concerne non seulement les philosophes dont il a été question jusque maintenant, mais aussi les théologiens islamiques depuis le XIᵉ siècle, à la suite de Ġazālī.

Par conséquent, Suhrawardī doit apporter un fondement précis à sa position. À cette fin, il expose une série d'arguments contre l'*Organon*, et plus particulièrement contre la théorie de la science telle qu'Aristote la développe dans les *Seconds Analytiques*. L'un de ces arguments se dirige contre le présupposé fondamental de l'œuvre, c'est-à-dire contre l'affirmation que tous les hommes ont une connaissance immédiate des axiomes. Par là, Aristote désigne les propositions qui sont au fondement de toutes les sciences, et qui sont évidentes sans aucune démonstration, par exemple le principe de non-contradiction. Ce présupposé est refusé par Suhrawardī. Certes, il conçoit que notre connaissance prend effectivement sa source dans une saisie immédiate, mais les objets vers lesquels se tourne cette activité ne sont en aucun cas des propositions logiques, universellement valides. Bien plus, nous saisissons toujours premièrement des choses singulières et concrètes, et au premier chef, celle qui nous est la plus proche, c'est-à-dire nous-mêmes.

Suhrawardī dirige un second argument contre la théorie de la définition d'Aristote. Selon lui, cette dernière est également insuffisante, parce qu'elle se limite à l'énoncé schématique du genre (*genus*) et de la différence spécifique (*differentia specifica*), par exemple dans la définition : « L'homme est un animal rationnel ». Cependant, un objet ne peut pas être saisi grâce à ces deux déterminations, car chacun présente une pluralité de traits constitutifs spécifiques (*muqawwimāt*), relevant de son essence. Or, ils doivent être tous nommés, si l'on veut décrire quelque chose. Par conséquent, croire que l'on peut signifier l'essence d'un objet au moyen du genre et de la différence spécifique relève d'un jugement fallacieux.

Par cette critique, Suhrawardī a déjà sapé les fondements de la logique aristotélicienne. En effet, si nous n'avons plus à disposition ni les axiomes universellement connus ni les définitions essentielles, il devient alors impossible de déduire des conclusions nécessaires à partir d'eux. À ceci s'ajoute un troisième problème, comme le souligne Suhrawardī, à savoir que l'on ne peut affirmer aucun jugement certain à propos des événements futurs. Selon lui, ceci entraîne la conséquence que nous ne pouvons acquérir aucune science au sens défini par les *Seconds Analytiques*, qui dérive nécessairement d'affirmations valables de tout temps. Aristote n'avait pas entrevu ce problème, il avait certes traité, dans l'*Organon*, de la façon dont il faut classer les affirmations portant sur le futur (en particulier dans le chapitre célèbre sur les futurs contingents du traité *De l'Interprétation*), mais il n'avait pas conscience des nombreuses conséquences que l'on pouvait tirer de ce problème.

L'axe de la critique est clair : Suhrawardī s'oppose à la tentative d'une science universelle reposant sur des démonstrations syllogistiques et déductives. Toutes les critiques qu'il lui adresse démontrent qu'un tel concept se fonde sur de faux présupposés épistémologiques. Connaître ne signifie pas, pour Suhrawardī, catégoriser un objet sur la base de ses caractéristiques individuelles (comme « vivant » ou « raisonnable »), ni le classer dans un schéma hiérarchique préétabli (genre, espèce, individu, etc.). Connaître est bien plutôt un acte qui saisit un objet dans son unicité et dans toutes ses marques essentielles. Ceci ne se produit pas de manière déductive, mais immédiatement et intuitivement, par un accès direct à ce qui est présent concrètement. Pour cette raison, Suhrawardī affirme également que notre connaissance est une « connaissance (ou un savoir) par le présent » ('ilm ḥuḍūrī).

Un tel processus reste cependant à définir et à cerner clairement. Suhrawardī cherche à répondre à ce besoin en établissant son concept épistémologique en deux directions. D'une part, il pense que l'on peut comparer la connaissance intellective avec la perception sensible. À ce sujet, il a à l'esprit le processus de la vision, qu'il prend pour modèle sur plusieurs points. Lorsque quelqu'un voit quelque chose, il a, selon Suhrawardī, conscience de l'objet qu'il perçoit. Il saisit la totalité de l'objet qui lui est « présent » et qui est perçu de ses yeux. La même chose se produit pendant le processus de connaissance, dans la mesure où il s'agit tout autant de saisir un objet qui nous est « présent ». Cela s'opère grâce à l'intellect dont l'activité permet de recevoir l'objet comme un tout (c'est-à-dire un objet qui ne serait pas réduit à des caractéristiques individuelles ou prétendument spécifiques) dans notre conscience.

Suhrawardī précise la manière dont cette connaissance doit se produire par une deuxième indication. Il nous rappelle que sa philosophie se décrit comme une théorie de l'illumination (*ḥikmat al-išrāq*). En effet, Suhrawardī affirme que chaque processus de connaissance est un acte d'illumination, car, à chaque fois que nous intelligeons quelque chose ou que nous nous approchons de la vérité, nous recevons une lumière ou un rayon lumineux. À première vue, cela ne semble pas totalement original, car d'autres auteurs avaient évoqué l'illumination dans ce contexte. C'est pourquoi on pourrait tout d'abord penser qu'il ne fait qu'employer de nouveau la métaphore de la lumière, comme c'est souvent le cas dans la noétique (voir plus haut p. 46 pour Fārābī). Cette affirmation revêt cependant un sens différent chez Suhrawardī. En effet, il ne l'utilise pas pour illustrer le processus de connaissance ni pour le décrire de manière métaphorique. S'il nomme l'acte de connaissance illumination, c'est bien plutôt parce qu'il croit que la totalité du réel, autrement dit l'étant, se compose de lumière.

Nous parvenons ici enfin à ses conceptions métaphysiques qui se laissent facilement résumer. En effet, Suhrawardī pense que tout ce qui existe est en son essence fait de lumière. Ceci vaut premièrement et principalement pour Dieu, qui est la lumière absolue, lumière des lumières, qui ne se mélange avec rien. Étant donné que Dieu est parfait, il se diffuse et engendre des flots de lumière, qui se manifestent dans la création. Celle-ci est multiple, car elle consiste en une pluralité de choses qui se distinguent selon leur rang (c'est-à-dire selon l'intensité de leur lumière). Cependant, toutes dérivent de Dieu, en ce qui concerne leur existence (ainsi que le pensait Avicenne), mais également en ce qui concerne leur essence.

Pour finir, il convient de se demander si Suhrawardī a vraiment enseigné la philosophie. En effet, beaucoup de ses théories peuvent être tout autant interprétées dans le cadre de la tradition soufie ou gnostique. Nous devons à notre tour rester prudents. Car Suhrawardī ne voulait pas s'affranchir de la philosophie. Il est plutôt convaincu que la (vraie) philosophie, la (vraie) mystique et la (vraie) gnostique (c'est-à-dire la théorie de la connaissance) coïncident, voire que la théorie de l'illumination qu'il défend est la seule philosophie, valable universellement (une sorte de *philosophia perennis*). Il fait, par conséquent, de nombreuses références aux autorités antérieures. On compte parmi elles des soufis célèbres, des personnages de l'Iran antique et de l'Égypte (comme Buzurğmihr, Hermès ou Agathodaimon), mais aussi de nombreux représentants exemplaires de la tradition grecque (comme Pythagore ou Platon). Il a même réhabilité de justesse Aristote en le faisant figurer dans la liste des grands sages, dans l'un de ses textes célèbres, où Suhrawardī explique qu'Aristote lui serait apparu en rêve. Ceci signifie qu'Aristote avait au fond soutenu la vraie doctrine (c'est-à-dire la *ḥikmat al-išrāq*). Il serait en définitive parvenu à l'idée que la vérité pouvait être saisie intuitivement, par une expérience immédiate. Cet aspect est cependant tombé dans l'oubli, car les disciples du Stagirite ne l'ont plus compris. C'est pourquoi, les péripatéticiens tardifs sont tombés dans une fausse croyance en la syllogistique et en la pensée discursive.

CHAPITRE XII

UN CHANGEMENT D'ARRIÈRE-PLAN

Vers la fin du XIIe siècle, plusieurs projets philosophiques coexistent. Tous s'établissent d'une manière ou d'une autre en référence à Avicenne, ce qui n'empêche nullement leurs auteurs de soutenir des idées différentes, dans la mesure où ils adoptent toujours une autre position à l'encontre de ses théories.

Certains auteurs ont reproché à Avicenne d'avoir sacrifié l'idéal de la science et ont revendiqué de revenir aux preuves nécessaires d'Aristote (si on songe notamment à Averroès). D'autres par contre étaient d'avis qu'Avicenne n'avait pas suffisamment pris ses distances avec Aristote, dans la mesure où la philosophie devait davantage s'intégrer dans l'expérience du soufisme (Suhrawardī, et Ibn Ṭufayl également). D'autres ont simplement suivi Avicenne, et se sont efforcés de résumer sa pensée dans des manuels, puis de la diffuser (*cf.* p. 118-120). D'autres encore ont tenté d'interpréter sa conception dans un contexte théologique, dans la mesure où ils considéraient certaines de ses positions comme hérétiques, alors que d'autres pouvaient s'intégrer dans leurs propres conceptions métaphysiques ou physiques (entre autres Ġazālī).

Toutes ces positions ont perduré jusqu'au XIIIᵉ siècle et même au-delà (hormis les idées d'Averroès qui n'ont connu qu'une faible réception). Pour cette raison, il est juste de soutenir que la philosophie n'a pas stagné dans le monde islamique après 1200; son retentissement et son importance se sont, à l'inverse, accrus. Il faut ajouter de plus que cette évolution s'est opérée sous d'autres auspices. En effet, les conditions qui formaient le soubassement de la philosophie s'étaient radicalement réalisées. Il convient à présent de les expliciter et d'en décrire les traits principaux, avant de revenir à la philosophie elle-même.

L'une de ces transformations reposait sur le fait que la plupart des savants islamiques (c'est-à-dire la plupart des théologiens et des juristes) adoptaient la logique aristotélicienne comme fondement. Ce pas décisif avait déjà été franchi par Ġazālī (*cf.* p. 73), mais ce qu'il avait présupposé au tournant des XIᵉ et XIIᵉ siècles, s'était transformé dans les faits un siècle plus tard. Un homme du nom de Faḫr al-Dīn al-Rāzī († 1210) a joué, en ce sens, un rôle crucial. Il a écrit *Le grand livre de la logique*, et d'autres présentations synthétiques sur ce sujet, qui ont rencontré un large écho chez les sages religieux. À partir de ce moment, les études logiques ont connu un essor insoupçonné. En effet, une activité intense de publication s'est amorcée, qui a perduré pendant tout le XIIIᵉ siècle, et a continué bien au-delà. Les résultats les plus importants sont *L'Introduction à la logique* de Aṯīr al-Dīn al-Abharī († 1265), un résumé extrêmement synthétique, et *Les fondements de la logique, dédiés à Šams al-Dīn* de Naǧm al-Dīn al-Kātibī († 1277). Ces deux traités ont servi de base à l'enseignement jusqu'au XXᵉ siècle et ont été commentés par un nombre incalculable de savants. En plus, on peut nommer un certain nombre d'auteurs qui ont été très lus : Afḍal al-Dīn al-Ḫūnaǧī († 1248), al- Saʿd al-Dīn Taftāzānī († 1390) et Abū ʿAbd Allāh al-Sanūsī († vers 1490), ou encore ʿAbd al-Raḥmān al-Aḫḍarī († 1546) qui a écrit le traité de logique le plus fréquemment cité *L'Échelle brillante*.

La raison de cet essor spectaculaire réside dans le fait que la logique figurait au programme des madrasas, les écoles islamiques, ce qui lui assure une place solide dans la culture des élites. En même temps, cela signifie que l'une des parties de la philosophie était pour la première fois introduite dans le canon des sciences officielles. Or cette décision partielle ne pouvait pas tenir longtemps. En effet, on ne pouvait pas adopter la logique aristotélicienne (incluant les catégories) sans penser à l'ontologie aristotélicienne (incluant les implications physiques et métaphysiques). Cela a eu pour conséquence que la théologie islamique a de nouveau emprunté ses impulsions décisives à la philosophie.

Cette évolution se remarque déjà dans la structure des œuvres théologiques. Elles ont connu dès de la fin du XIIᵉ siècle une transformation significative, dans la mesure où les chapitres introductifs, c'est-à-dire les prolégomènes scientifiques, ont revêtu un rôle-clé. Ces chapitres traitent, classiquement, de la manière dont il est possible d'acquérir la connaissance, ce qui était en général rapidement expliqué : dans les textes anciens, cette partie ne s'étend que sur quelques pages où l'on expose que nous devons, à partir des données sensibles, par une suite nécessaire, et grâce à l'intellect, être capables d'en tirer les conséquences. Dans les traités théologiques postérieurs à 1200, ce n'est plus le cas, car les prolégomènes occupent alors une place centrale dans l'intérêt scientifique. Faḫr al-Dīn al-Rāzī, que nous avons déjà rencontré comme logicien, leur consacre près de la moitié de ses traités théologiques. Chez ʿAḍud al-Dīn al-Īǧī († 1355), un théologien influent du XIVᵉ siècle, ils occupent près des deux tiers de son ouvrage majeur *Les Étapes*. Cette évolution n'est rendue possible que parce que les thèmes qui étaient discutés dans ces introductions avaient changé. En effet, il ne s'agissait plus de connaître la voie par laquelle nous pouvons parvenir à la connaissance. On y traite de l'être, de la causalité, des catégories, des substances, des accidents, etc. En d'autres termes, dans les prolégomènes à la théologie, on discute d'ontologie philosophique.

Cette transformation n'a pas pu rester sans effet sur la doctrine. Depuis le XIIIᵉ siècle au moins (au fond même depuis Ġazālī ou son maître Ǧuwaynī), on remarque que la doctrine théologique est influencée par la philosophie. Ceci ne s'est cependant pas produit de manière linéaire, car on trouve des différences entre les écoles (les acharites, les maturidites, la théologie mutazilite chez les chiites), et même entre les auteurs. C'est pourquoi il est impossible de résumer cette évolution en quelques mots. Il faut pourtant reconnaître que l'influence de la philosophie est prégnante sur quelques thèmes, comme l'analyse de l'être (au travers des catégories de « nécessaire, possible, impossible »), la classification des créatures (selon le schéma « individu, genre, espèce »), l'épistémologie (qui insiste sur la naturalité du processus de connaissance) et la conception de l'homme. Cette transition se remarque surtout en ce qui concerne l'anthropologie qui se concentre en premier lieu sur le concept d'âme, auquel l'ancienne théologie n'avait accordé que peu d'importance.

Après 1200, la théologie se place sous la bannière de la méthode et des problèmes de la philosophie. Cependant, ce processus n'est pas isolé, car on constate que même le soufisme s'intéresse également à la philosophie, du moins de manière plus marquée qu'auparavant. L'exemple le plus connu est Ibn al-'Arabī († 1240) et ses disciples (sous l'impulsion de Ṣadr al-Dīn al-Qūnāwī, † 1274). Les savants, engagés dans cette discussion, se rapportent différemment à la philosophie. Cet aspect est remarquable dans la thèse plus connue sous l'expression d'« uni(ci)té de l'être » (*waḥdat al-wuǧūd*). Elle énonce que la création se situe dans une relation inamissible à Dieu, dans la mesure où elle n'est rien d'autre que son auto-déploiement dynamique (ou plutôt : la manifestation du nom de Dieu). Cette thèse amène une réévaluation totale de l'être créé, qui a été l'objet de réflexion pour la théologie et de nombreuses spéculations pour le soufisme. Cela n'oblitère pas le fait que le monisme, enseigné par Ibn al-'Arabī et ses successeurs, n'aurait jamais pu être conçu sans l'ontologie d'Avicenne, qui avait corrélé l'être possible et contingent à l'être nécessaire.

Par conséquent, la philosophie occupe une place importante dans les discussions des savants. Les théories développées dans le cadre de ces débats ont exercé leur influence sur les autres disciplines et ont été souvent suivies avec grand intérêt. Il y a cependant eu des résistances contre cette tendance, car tous les savants ne s'accordent pas avec cette orientation de la vie intellectuelle. Il nous faut brièvement traiter de ces opinions, si on veut donner un panorama d'ensemble de l'arrière-plan qui sous-tend la philosophie après 1200.

La plupart des auteurs, qui ont pris position de manière critique, ont adopté la ligne argumentative que nous avons déjà rencontrée chez Ġazālī. Ceci vaut par exemple pour Faḫr al-Dīn al-Rāzī, dont le nom est connu, car il représente une figure-clé du tournant du XIIe au XIIIe siècle. Rāzī s'intéresse à la logique, comme nous l'avons vu, et il a beaucoup contribué à sa diffusion. Il reprend aussi certaines idées de la physique ou de la métaphysique pour les intégrer dans sa conception du monde. Pourtant, il refuse à la philosophie son rôle universalisant. Ce rejet est perceptible dans le traité où il commente le *Livre des directives et des remarques*, œuvre majeure d'Avicenne. En effet, il adopte une position si critique à l'égard du texte qu'il expose que la plupart des interprètes postérieurs ont pensé qu'il n'avait pas écrit un commentaire (*Šarḥ*) du *Livre des directives et des remarques*, mais plutôt un véritable brûlot (*Ǧarḥ*).

D'autres auteurs, en revanche, ne se sont pas engagés dans cette voie de critique circonstanciée. Ils étaient plutôt d'avis qu'il fallait rejeter la philosophie dans son ensemble (incluant également la logique). Le représentant paradigmatique de cette position est Ibn Taymiyya († 1328). C'était un lecteur assidu (et avisé) des textes philosophiques, mais les conclusions qu'il en a déduites sont radicalement opposées à l'intention des philosophes. L'exemple le plus clair se trouve dans son texte, connu sous le titre de *La Réfutation des logiciens*, où Ibn Taymiyya tente de démontrer avec précision que la logique aristotélicienne est un système argumentatif inutile, fondé sur des présupposés fallacieux (ses critiques sont plus exhaustives que celles de Suhrawardī). Or, pour lui, cette critique reste insuffisante, c'est pourquoi il veut en outre mettre à jour les conséquences pernicieuses qu'entraîne l'étude de l'*Organon*. Selon lui, l'*Organon* a conduit la plupart des savants islamiques à l'erreur, non seulement les philosophes, mais aussi de nombreux théologiens, dupés par la philosophie, et à plus forte raison les représentants du soufisme, qui se sont ralliés à la théorie de l'uni(ci)té de l'être d'Ibn al-'Arabī.

Chapitre XIII

L'HÉRITAGE PHILOSOPHIQUE D'AVICENNE
ET DE SUHRAWARDĪ

Ibn Taymiyya n'a pas simplement combattu la philosophie, il a surtout combattu l'influence des philosophes. Aussi, sa critique implacable et détaillée donne-t-elle un indice clair de son ampleur. Les chiffres en attestent également. Dès le XIIIᵉ et le XIVᵉ siècle paraissent de nombreux traités de physique et de métaphysique, en plus de ceux de logique. Ils témoignent du fait que la philosophie n'a pas seulement survécu dans les réflexions des théologiens ou des soufis, mais qu'elle est bien devenue une discipline intellectuelle à part entière.

Cette discipline s'était assurément modifiée, car elle est progressivement entrée dans l'éducation traditionnelle. À l'origine, celle-ci adoptait la forme de la relation du maître au disciple, mais elle a également pris celle de cercles de savants ou même d'écoles, bien que la plupart des écoles supérieures n'aient pas enseigné la philosophie comme un tout, mais seulement la logique. Leur référence était à chaque fois une autorité ancienne et renommée, dont les œuvres étaient lues, discutées, résumées dans des manuels éclairés de commentaires. C'est de la sorte qu'a émergé une forme d'enseignement et une tradition que l'on peut qualifier de « scolastique », avec toute la prudence requise par un tel terme.

Cette tradition était dans l'ensemble ancienne, mais il y avait également quelques exceptions. Ces dernières concernaient en particulier Averroès et ses collègues espagnols. Leurs écrits n'étaient connus que de peu de lecteurs (*cf.* p. 101-102), et n'avaient pas été largement reçus, certainement pas d'une manière qui aurait pu convenir au milieu scolaire. Il en va différemment de deux autres penseurs, à savoir Avicenne et Suhrawardī, qui ont trouvé une large succession. Pour cette raison, on peut exprimer le constat général que l'héritage de ces deux derniers auteurs a prédominé sur la philosophie d'après 1200.

Dans le cas d'Avicenne, ce succès n'est pas étonnant, dans la mesure où il a toujours eu des disciples. De son vivant, il y a eu, entre autres, al-Ǧūzǧānī (son biographe), Bahmanyār († 1066) et Ibn Zayla († 1067). Par la suite, Abū l-ʿAbbās al-Lawkarī (†1123), ʿUmar b. Sahlān al-Sāwī († 1140) et d'autres encore qui ont fait connaître ses thèses dans toutes les régions de l'Iran. C'est ainsi que le XIIIe siècle atteste d'un accroissement significatif de son influence, qui se manifeste tout d'abord chez Sayf al-Dīn al-Āmidī († 1233). Ce dernier, théologien et médecin, a rédigé *L'Explicitation des falsifications dans le commentaire au livre des directives et des remarques*, œuvre où il prend clairement la défense du *Livre des directives et des remarques* d'Avicenne contre les critiques de Faḫr al-Dīn al-Rāzī (*cf.* p. 116). La renaissance de la philosophie avicennienne commence cependant avec Kamāl al-Dīn Ibn Yūnus († 1242), dont nous n'avons malheureusement pas conservé d'écrits originaux. Nous savons cependant, grâce à de nombreuses sources fiables, qu'il a déployé une intense activité d'enseignement à Mossoul, en particulier en ce qui concerne la philosophie et les mathématiques, qu'il a entretenu une large correspondance (entre autres avec l'empereur Frédéric II de Hohenstaufen), et qu'il comptait un grand nombre de disciples.

Au nombre de ceux-ci se trouve par exemple Naṣīr al-Dīn al-Ṭūsī († 1274), l'un des savants les plus éminents du XIII e siècle : célèbre mathématicien et astronome, théologien chiite controversé, et auteur d'une vingtaine d'œuvres philosophiques, parmi lesquelles une éthique en persan qui a été beaucoup lue (*L'Éthique à Nāṣir*), et une nouvelle défense du *Livre des directives et des remarques* d'Avicenne contre les critiques de Faḫr al-Dīn al-Rāzī : *La Solution des problèmes des directives*. En outre, trois livres philosophiques, qui ont rencontré un réel succès, proviennent de son entourage. Ils ont été écrits par Athīr al-Dīn al-Abharī († vers 1265), Naǧm al-Dīn al-Kātibī († 1277) (*cf.* p. 112) et Sirāǧ al-Dīn al-Urmawī († 1283), qui ont tous étudié auprès de Ṭūsī ou auprès de Kamāl al-Dīn Ibn Yūnus. Ces trois textes possédent un but commun : résumer les thèses principales de la philosophie d'Avicenne sous une forme encyclopédique (et en relation avec leur application théologique). *Le guide de la philosophie* d'Abharī se compose de trois parties (logique, physique et métaphysique), *La Sagesse du point de vue du principe fondamental* de Kātibī, est divisée en deux parties (métaphysique et physique), et *Les lieux de manifestation des lumières* d'Urmawī est également organisé en deux parties (logique et métaphysique).

Cette trilogie d'encyclopédies a occupé à partir de ce moment une place prépondérante. Elles ont été tellement utilisées dans le cadre de l'enseignement, que l'on pourrait presque présenter l'évolution de la philosophie aux XIVe et XVe siècles au regard des commentaires et des gloses qui ont été écrits à leur sujet. Il y avait également à cette époque des auteurs qui ont étudié directement les textes d'Avicenne. Badr al-Dīn al-Tustarī († 1307) et Quṭb al-Dīn al-Taḥtānī († 1364) en sont les représentants. Chacun a écrit une œuvre intitulée *Les controverses* dont le thème est la dispute entre Rāzī et Ṭūsī au sujet de la bonne interprétation du *Livre des directives et des remarques*. Un demi-siècle plus tard, les études avicenniennes ont perduré grâce au disciple de Taḥtānī al-Šarīf al-Ǧurǧānī († 1413), qui a connu la gloire à la cour du Tamerlan à Samarcande, et elles ont été poursuivies par son fils Nūr al-Dīn b. al-Ǧurǧānī († 1434).

La liste de savants qui se sont consacrés à Suhrawardī semble bien mince en comparaison de cette longue tradition. Cette lignée commence également au XIIIe siècle, mais elle n'a jamais connu l'étendue ni l'intensité des débats qu'a suscités la philosophie d'Avicenne. Un auteur important de cette tradition est Šams al-Dīn al-Šahrazūrī († 1288), qui a commenté les *Le livre des élucidations* de Suhrawardī et *La sagesse illuminative* (*cf.* p. 102). En outre, il a donné une présentation de la pensée de son maître dans une œuvre accessible et populaire, intitulée *Traité de l'arbre divin*. À la même époque, Ibn Kammūna, un savant juif, connu en tant que philosophe de la religion (voir son célèbre traité *Examen des analyses des trois religions monothéistes*) a essayé de mettre en avant l'aspect scientifique de la pensée de Suhrawardī. Cela se reflète dans son commentaire aux *Élucidations*. De plus, Ibn Kammūna a écrit un texte qui met en lumière l'interprétation originale de Suhrawardī en matière de logique (*La nouvelle philosophie de la logique*).

On peut ajouter également une génération plus tard Quṭb al-Dīn al-Šīrāzī (†1311). Celui-ci a reçu son éducation scientifique de Naṣīr al-Dīn al-Ṭūsī, mais ses convictions philosophiques reflètent plutôt l'influence de Suhrawardī. De ses écrits, nous possédons un commentaire important sur *La sagesse illuminative* et un traité original, *La perle de la couronne*, dans lequel il présente la théorie de l'illumination en persan.

Après Šīrāzī, on ne connaît plus aucun auteur que l'on puisse décrire comme un pur représentant de la philosophie de l'illumination. Au fond, cette dénomination même est problématique. En effet, la plupart des penseurs, qui sont les successeurs d'Avicenne ou de Suhrawardī, ne se sont pas cantonnés à l'une de ces traditions, mais ils s'intéressaient aux deux. Šīrāzī a étudié, comme on l'a dit, auprès de Ṭūsī, et il a commenté un traité de Naǧm al-Dīn al-Kātibī, qui appartenait au cercle de Ṭūsī. Son prédécesseur, Ibn Kammūna, n'était pas simplement un grand connaisseur des *Élucidations* de Suhrawardī, mais également un commentateur du *Livre des directives et des remarques* d'Avicenne. Le cas inverse s'est également produit, comme nous l'enseignent les informations dont on dispose sur Aṯīr al-Dīn al-Abharī. Avec son *Introduction à la logique* (*cf.* p. 112) et son *Guide de la philosophie* (*cf.* p. 119), il avait participé de manière décisive à une large diffusion de la théorie d'Avicenne. Mais si on en croit les indications qu'il a lui-même données, il aurait également consacré une œuvre à la pensée de Suhrawardī.

On peut, à juste titre, parler de fusion des héritages pour la période postérieure. Cette assimilation semble se nouer au cours du XIV e siècle (par exemple, chez Alī Turka Iṣfahānī, † 1427) et être devenue le schéma le plus répandu au XV e siècle, où apparaissent des auteurs comme Ibn Abī

Ğumhūr al-Aḥsā'ī († après 1501) et Ğalāl al-Dīn al-Dāwānī († 1502). Non seulement, ils ont mis en relation les théories d'Avicenne et de Suhrawardī, mais ils ont aussi intégré dans leur pensée des concepts provenant d'Ibn al-ʿArabī ou de la théologie islamique. Chez Dāwānī, cela prend la forme d'une œuvre polymorphe. En sus de nombreux traités théologiques, il a commenté les penseurs avicenniens Aṯīr al-Dīn al-Abharī (*L'Introduction à la logique*), Sirāğ al-Dīn al-Urmawī (*Les lieux de manifestation des lumières*), écrit un commentaire au traité *Les Temples de la lumière* de Suhrawardī, des gloses à la théorie de Ibn al-ʿArabī, une version de *L'Éthique à Nāṣir* de Ṭūsī, connue sous le titre *L'Éthique de Ğalāl*. Il en va presque de même pour Ibn Abī Ğumhūr al-Aḥsā'ī, cependant la volonté de synthèse est encore plus manifeste chez lui. Cet aspect est surtout remarquable dans un ouvrage important *Le Dévoileur*, où il annonce dans le sous-titre son programme : « se référer à la théologie, aux deux philosophies (c'est-à-dire les théories d'Avicenne et de Suhrawardī) et au soufisme » (*fī l-kalām wa-l-ḥikmatayn wa-l-taṣawwuf*).

Il est superflu d'examiner s'il a réussi cette tentative de synthèse. Pour être à même d'en juger, il faudrait étudier les nombreux auteurs du XIVe au XVIe siècle. Jusqu'ici, nous disposions de points de repère, dont une étude détaillée sur Ibn Abī Ğumhūr al-Aḥsā'ī. Elle montre la manière dont il entre en débat avec les différents courants de pensée, qu'il synthétise pour partie, et qu'il juxtapose pour une autre partie.

Sa conception de Dieu en donne un bon exemple, car elle connecte des éléments disparates. D'un côté, Ibn Abī Ğumhūr retient la preuve classique de l'existence de Dieu des théologiens, qui démontre à partir de la temporalité du monde l'existence d'un Dieu créateur, doué d'une libre volonté. D'un autre côté, il rejoint Avicenne selon lequel on peut déduire de la contingence des choses possiblement existantes l'existence d'une cause originelle qui agit de manière nécessaire (*cf.* p. 60-61). Cela conduit Ibn Abī Ǧumhūr à proposer un concept philosophique de Dieu. Il admet, en un sens, que Dieu a bien dû produire le monde et que certaines de ses parties existent de toute éternité. Or, il tient particulièrement à mettre en valeur sa position, dans la mesure où il ne tient pas la métaphysique philosophique, mais bien la théorie soufie de l'uni(ci)té de l'être (*waḥdat al-wuǧūd*) comme le point central de son exposé et l'expression la plus subtile de la croyance en l'unité de Dieu.

Ibn Abī Ǧumhūr a vécu en Irak et dans plusieurs villes d'Iran. Aussi a-t-il évolué (tout comme Ǧalāl al-Dīn al-Dāwānī) dans cette région sise entre la Transoxiane et le Croissant fertile, qui est considérée comme le cœur des études philosophiques depuis le XIIIᵉ siècle. Entre-temps, l'intérêt pour la philosophie avait germé dans d'autres régions du monde islamique, relativement peu dans la partie occidentale de l'Islam (c'est-à-dire le Maghreb), mais bien plus dans l'Empire ottoman, ou plus exactement en son centre, tout comme dans la partie de l'Inde, qui était sous l'influence islamique.

Cependant, il y a une personne qui mérite que l'on s'arrête sur son cas : Ibn Ḫaldūn († 1406), le célèbre historien de Tunis dont les importants *Prolégomènes* (c'est-à-dire le premier volume de son *Discours sur l'Histoire universelle*) ont été lus et discutés jusqu'à aujourd'hui. Toutefois, il est difficile de comparer cette œuvre avec celles qui ont été citées auparavant. En effet, le projet d'Ibn Ḫaldūn n'était pas de bâtir une philosophie, mais d'expliquer les conditions sous-jacentes au processus historique, ainsi que les lois de sa régularité. En même temps, son entreprise resterait incompréhensible si l'on ne faisait pas appel aux connaissances philosophiques. Ce n'est pas simplement à cause des références à certaines parties de la philosophie (la logique, l'arithmétique, etc.), ou à certains auteurs (entre autres Averroès), mais parce qu'Ibn Ḫaldūn développe sa propre théorie au moyen de concepts philosophiques (puissance, acte, nature, condition, cause, preuve, etc.) et que, par ce biais, il s'efforce d'élever l'Histoire au rang de science.

Sous l'Empire ottoman, il est possible de retracer l'apparition de la philosophie à partir du XVᵉ siècle. À cette époque, l'enseignement a connu un progrès considérable, renforcé par le sultan Mehmed II, en particulier autour des centres d'Edirne, de Bursa, et après 1453, de Constantinople. C'est ainsi que les manuels dont nous avons parlé jusqu'à présent, entrèrent dans les écoles ottomanes. *L'Introduction à la logique* d'Abharī y trouva de nouveaux lecteurs, son *Guide de la philosophie*, ainsi que *Les lieux de manifestation des lumières* furent commentés à Constantinople.

Cela produisit, entre autres choses, un essor considérable des études de logique. Pendant des siècles, elles se sont épanouies dans l'Empire ottoman, où l'on ne se contentait pas de transmettre les anciens manuels, mais où de nouvelles théories ont vu le jour. Cela se remarque notamment au sujet du syllogisme de prémisses relationnelles, auquel Ismāʿīl Gelenbevī († 1791) a apporté une contribution décisive par son traité *La preuve dans la science du critère de la pensée*.

Qui plus est, il y eut également des débats sur des sujets de physique ou de métaphysique. Ils tournaient principalement autour de la question de savoir lequel, d'Averroès ou de Ġazālī, avait raison dans la dispute qui les opposait

– c'est-à-dire dans les vingt questions que Ġazālī avait exposées dans l'*Incohérence des philosophes*. Ce problème était clivant. Il avait même suscité l'intérêt de Mehmed II au point que celui-ci promit d'offrir une récompense à celui qui donnerait les arguments les plus convaincants. Ce prix revint finalement à un savant du nom de Ḫoǧazāde († 1488). Son texte, également conservé sous le titre d'*Incohérence des philosophes*, avait convaincu le jury parce qu'il proposait une solution identique à celle de ʿAlāʾ al-Dīn al-Ṭūsī († 1482). Pour cette raison, les débats ne se sont pas apaisés, et quelques décennies plus tard Kamālpašazāde († 1533) prit la plume pour écrire des gloses dans lesquelles il donnait son point de vue sur *L'Incohérence* de Ġazālī et sur les interprétations de ses prédécesseurs.

Nous n'avons malheureusement que peu d'informations disponibles sur le développement de la philosophie en Inde. Nous savons simplement qu'il y eut un intérêt croissant pour la philosophie (c'est-à-dire pour Avicenne, Suhrawardī, Ibn Arabī, etc.) à partir de l'époque mongole au plus tard. Cependant, il n'est pas possible d'en dire davantage en ce qui concerne les détails. La recherche reste sur ce domaine à l'état de souhait. Pour le moment, nous ne connaissons que les noms des nombreux savants (Fatḥ Allāh al-Šīrāzī, ʿAbd Allāh de Tulumba et Muḥammad al-ʿIlmī, au XVIe siècle, et ʿAbd al-Ḥakīm al-Siyālkūtī, au XVIIe siècle) et les titres de plusieurs œuvres. Sur la base de ces derniers, on remarque que les débats ne concernent pas simplement la logique, mais aussi la physique et la métaphysique.

Tout cela nécessiterait évidemment une recherche plus approfondie, et ce constat ne vaut pas simplement pour les Indiens, mais aussi pour toutes les traditions qui ont été évoquées dans ce chapitre. En effet, la période qui s'étend entre le XIIIe et le XVIe siècle (et on pourrait pour une grande partie du monde islamique aller même jusqu'au XIXe siècle) n'a suscité pour l'heure que peu d'études. Il est possible d'avancer plusieurs raisons pour expliquer cet état de fait : l'infime quantité de matériaux, l'inaccessibilité des textes (en majeure partie inédits), la complexité des problèmes (en référence constante à des œuvres plus anciennes). Qui plus est, on doit affronter ce préjugé persistant que l'analyse de ces œuvres n'en vaut pas la peine, parce qu'on n'aurait affaire qu'à des gloses et des commentaires, autrement dit à la répétition épuisante des mêmes choses. Ce jugement est extrêmement hâtif. La philosophie, et généralement toute science, se développe en effet en confrontation avec des thèses antérieures. Nous le savons grâce aux traditions qui ont marqué l'Europe, si on pense simplement à l'aristotélisme, qui a donné pendant des siècles une abondante littérature de commentaires : cela n'a pas pu se produire différemment dans le monde islamique.

CHAPITRE XIV

UN NOUVEAU DÉPART :
MULLĀ ṢADRĀ ET L'ÉCOLE D'ISPAHAN

Que la réflexion constante sur les textes consacrés ait pu conduire à de nouveaux résultats, c'est en tout cas ce dont témoigne l'évolution de la philosophie en Iran. En effet, l'Iran a produit pendant des siècles une impressionnante tradition d'études philosophiques qui a déjà suscité l'attention de la recherche. Les principaux représentants sont, comme on l'a déjà dit, Ibn Abī Ǧumhūr al-Aḥsā'ī et Ǧalāl al-Dīn al-Dāwānī (dont nous avons déjà parlé auparavant, *cf.* p. 124), auxquels il faut ajouter Ṣadr al-Dīn Muḥammad al-Daštakī, († 1497), son fils Ǧiyāṭ al-Dīn Manṣūr al-Daštakī († 1542), Šams al-Dīn Muḥammad al-Ḥafrī († 1535) et Naǧm al-Dīn Maḥmūd al-Nayrīzī († après 1536). À partir de là s'établit vers la fin du XVIᵉ siècle une tradition d'enseignement, qui a exercé une influence considérable et dont la renommée est parvenue jusqu'à nos jours sous le nom d'« école d'Ispahan ».

Le coup d'envoi a été donné par Mīr Dāmād († 1630), un penseur de l'Iran du nord (Astarabad, devenue plus tard

Maschhad), qui a longtemps travaillé à Ispahan. Il a développé une activité d'enseignement respectée et puissante qui lui a valu le surnom de « troisième maître » (après Aristote et Fārābī). L'étendue de son œuvre est immense : philosophie, exégèse du Coran et des Hadiths, théologie, droit et de nombreux poèmes. Cependant, ce sont souvent deux traits de sa pensée qui sont mis en avant. L'un concerne sa théorie de la connaissance, l'autre, sa conception du temps, qui se situent à la frontière entre physique et métaphysique.

En ce qui concerne l'épistémologie, la plupart de ses thèses ne vont pas sans rappeler la théorie de Suhrawardī (ou d'Ibn Arabī). En effet, Mīr Dāmād estime que la connaissance peut être acquise par la voie de l'intuition, par une illumination (*išrāq*) ou par une vision (*kašf*). Il est convaincu d'en avoir personnellement fait l'expérience et il a soigneusement consigné les visions qui lui ont été données. Par exemple, le 16 Scha'bân de l'an 1023 de l'Hégire, ce qui correspond au 21 septembre 1623 du calendrier chrétien, il a eu la vision de l'origine et de la finalité de notre existence. Cependant, il ne considère pas que cette voie est la seule pour parvenir à la connaissance, car la pensée discursive joue, selon lui, également un rôle. Pour lui, ces deux voies s'enrichissent l'une l'autre : l'activité de notre intellect doit favoriser la possibilité de la vision intuitive, et réciproquement, l'intuition stimule la pensée discursive pour produire de nouveaux concepts.

L'approche de Mīr Dāmād devient de plus en plus synthétique à mesure qu'il développe sa pensée. Elle prend sa source dans le problème ancien de savoir si le monde existe de toute éternité ou s'il a été créé dans le temps. De nombreux penseurs avaient disserté sur ce sujet, mais ce problème attendait toujours une solution. Jusqu'alors, personne n'était parvenu à proposer un concept qui satisfaisait les deux partis en présence : les philosophes, qui déduisaient de l'immutabilité et de la perfection de Dieu que le monde devait avoir été produit de toute éternité, et les théologiens qui – du moins pour la majeure partie – soutenaient la temporalité de la création, et qui stigmatisaient toute nuance apportée à cette idée par l'accusation d'incroyance (*kufr*), en référence à *L'Incohérence des philosophes* de Ġazālī (*cf.* p. 75).

Mīr Dāmād rouvre le dossier en introduisant une nouvelle catégorie. Elle doit permettre de sortir du dilemme qui provient de la fausse alternative entre l'éternité et la temporalité. Selon sa théorie, il convient de distinguer trois niveaux d'examen : l'absolue éternité qu'il nomme en persan *sarmad*, l'atemporalité (en arabe : *dahr*) et le temps (en arabe : *zamān*). Chaque niveau se définit par une structure relationnelle : l'éternité, la relation de ce qui est permanent à ce qui est permanent, l'atemporalité, celle de ce qui est permanent à ce qui est changeant le temps, pour finir, la temporalité caractérise la relation qui existe entre les choses changeantes, soumises à la génération et à la corruption. Cela signifie du même coup que l'origine du monde ne peut pas être expliquée par un processus unilatéral (éternel ou temporel). Elle advient plutôt en deux étapes qui mobilisent la structure triple et complexe de la temporalité. Tout d'abord, Dieu, qui appartient à la sphère du *sarmad* engendre des archétypes (qui relèvent de la sphère du *dahr*), ce qui se produit dans un acte que Mīr Dāmād qualifie d'« origine atemporelle ». Ensuite, Dieu crée, au regard de ces archétypes, le monde sensible, le domaine de la génération et de la corruption, qui se place à l'échelle du *zamān*, ce qui définit le second processus de création comme une « origine temporelle » (*ḥudūṯ zamānī*).

Ce nouveau concept a rencontré une large approbation chez les penseurs iraniens. Il en va de même pour les thèses épistémologiques, esquissées auparavant, qui ont été largement acceptées. Néanmoins, Mīr Dāmād n'est pas la figure de proue de l'école d'Ispahan. Il convient de réserver ce rôle à un penseur, qui a été l'un de ses étudiants. Il s'agit de Ṣadr al-Dīn al-Šīrāzī († 1640), plus connu sous le nom de Mullā Ṣadrā.

La recherche a très rapidement remarqué son importance, c'est pourquoi son œuvre est, à l'inverse de beaucoup d'autres penseurs, assez bien connue. Elle comprend de nombreux traités portant sur des thèmes religieux (exégèse du Coran et des Hadiths, etc.), mais aussi un imposant corpus consacré à la philosophie. Ce dernier atteste de l'étendue de la connaissance de la tradition philosophique de Mullā Ṣadrā. Nous possédons de nombreux commentaires canoniques de sa main, par exemple du *Guide de la philosophie* d'Abharī, de *La sagesse illuminative* de Suhrawardī, du *Livre de la guérison* d'Avicenne, mais également de *La Théologie d'Aristote*. Cependant, les commentaires ne sont pas, dans son cas, des œuvres de premier plan. Celles où il développe sa propre pensée sont plus déterminantes. L'une de ces œuvres en particulier dépasse les autres : son traité majeur *Les Quatre Voyages de l'esprit* se propose de conduire le lecteur, par quatre voies, à la connaissance : 1) la métaphysique, c'est-à-dire l'ontologie, 2) la physique, c'est-à-dire la théorie des substances mobiles et des accidents, 3) la théologie, ou la doctrine de Dieu et de ses attributs, 4) la psychologie, autrement dit la conception de l'homme et de sa destinée.

Au centre de cette œuvre se trouve la question de l'être. Sur ce point, Mullā Ṣadrā se distingue déjà de ses prédécesseurs. Mīr Dāmād avait adopté le présupposé (tout comme Suhrawardī) que l'être ne jouait qu'un rôle secondaire, les essences (c'est-à-dire les essences des créatures) sont conçues de telle sorte qu'elles possèdent déjà une réalité clairement circonscrite avant le fait même d'exister. Il en va tout à fait autrement chez Mullā Ṣadrā pour qui c'est bien l'être qui doit assumer la priorité. L'être revêt une dimension totalisante dès lors qu'il inclut tout ce qui existe (et même Dieu). Néanmoins, il convient de ne pas minorer une différence cruciale : le concept d'être n'est pas employé de manière synonyme, mais bien analogue (*bi-l-taškīk*), car il advient aux étants sur un mode différent. L'être de Dieu est absolu (*muṭlaq*) et parfait à tous les égards. En revanche, l'être des créatures est défini comme déficient parce qu'elles sont dépendantes d'un autre, imparfaites et contingentes. De même, au sein de la création, on peut distinguer plus précisément plusieurs modes d'être (*anḥāʾ al-wuǧūd*). En effet, plus une créature est éloignée de Dieu, moins elle reçoit d'être.

Mullā Ṣadrā explique que le monde existe par le fait que Dieu pense et que sa pensée produit un effet. Cette idée a été reprise par une longue tradition, comme nous l'avons montré, qui remonte d'Avicenne à Fārābī (*cf.* p. 45). À la différence de ses prédécesseurs, Mullā Ṣadrā ne soutient pas que la pensée divine produise une entité singulière (comme la première intelligence de Fārābī et d'Avicenne). Conformément à sa conception, l'autoréflexion de Dieu comprend deux aspects qui entraînent des conséquences ontologiques.

L'une de ces conséquences repose sur le fait que Dieu produit un être pur, tel qu'il l'est en lui-même, qui est absolument, indifféremment et parfaitement un. Cependant, à l'inverse de Dieu, cet être n'est pas limité à lui-même, et il peut exister dans et avec les choses (qu'il a produites). C'est pourquoi Mullā Ṣadrā parle d'un être « qui se déploie lui-même » (*al-wuǧūd al-munbasiṭ*). Il est « éternel avec l'éternel », « nécessaire avec le nécessaire » et « possible avec le possible ». En d'autres termes, cet être est la trace de Dieu dans la création, parce qu'en lui se manifeste sa relation à ce qu'il a créé.

La seconde conséquence de l'autoréflexion de Dieu renvoie déjà à la multiplicité des choses. Ce sont les attributs divins (*ṣifāt Allāh*), énumérés dans le Coran et qui ont été discutés par les théologiens musulmans (par exemple : la toute-puissance, la science, la vie, etc.). Ils revêtent une double fonction chez Mullā Ṣadrā : d'une part, ils expriment les différents aspects de la nature divine, ce qui correspond à la tradition islamique, d'autre part, ils sont compris comme des archétypes de la création, ce qui nous rappelle Mīr Dāmād ou Ibn Arabī. Par conséquent, Mullā Ṣadrā peut les identifier avec les idées platoniciennes et expliquer qu'ils préfigurent les formes des choses qui vont être créées.

La création participe aussi de cet « être qui se déploie lui-même », tout comme des attributs de Dieu. Dieu fait advenir les choses à l'existence, ses attributs informent les choses et leur confèrent leur être spécifique, c'est-à-dire leur essence. De cette manière est créé un monde tout à fait harmonieux puisqu'il reflète le divin sur tous les aspects. Mais cela ne signifie pas qu'il soit dans un tel état de perfection qu'il ne posséderait aucune dynamique interne ni tendance vers son achèvement.

À cet endroit, Mullā Ṣadrā introduit une nouvelle théorie, très célèbre, à savoir que l'être créé est imprégné d'un mouvement substantiel (*ḥaraka ǧawhariyya*). Cela implique

que toutes les créatures, nonobstant leur place respective dans la hiérarchie, possèdent un degré d'être imparfait, de sorte que les choses ne sont pas considérées comme des substances fixes ni des éléments immuables de l'être (autrement dit comme les substances au sens aristotélicien). Toute créature tend vers sa perfection, ce qui signifie concrètement qu'elle cherche à se rapprocher de Dieu. Par conséquent, l'être est traversé d'un « mouvement substantiel » ascendant. De même qu'il émane de son origine (*mabda'*), l'être désire de nouveau y faire retour (*ma'ād*).

De nombreux exemples le prouvent. Le cas le plus évident est notre propre procession, c'est-à-dire le chemin qu'emprunte notre âme (*nafs*). Selon Mullā Ṣadrā, elle a été créée avec le corps. Elle est même liée au corps, car Mullā Ṣadrā ne pense pas, contrairement à Avicenne (*cf.* p. 65), que l'âme a été créée comme une substance intellectuelle individuelle. Cependant, l'âme est habitée, depuis le commencement, de ce mouvement vers le spirituel. Elle désire se purifier pour atteindre la connaissance pure. Par conséquent, l'âme gagne davantage d'être, à mesure qu'elle se rapproche toujours plus de l'essence divine sur le chemin de la connaissance. Cela explique que nous atteignons finalement un état de connaissance parfait lorsque nous retournons à Dieu, le principe de notre être.

Chapitre xv

LA CONCURRENCE DE LA PENSÉE EUROPÉENNE

Le projet de Mullā Ṣadrā a rencontré l'approbation de ses contemporains et a été le point de départ d'une école philosophique indépendante, dont le centre reste l'Iran. Mais son influence a atteint d'autres régions du monde islamique, en particulier l'Inde, où le commentaire de Mullā Ṣadrā au *Guide de la philosophie* d'Abharī a été lu et a été utilisé comme manuel d'enseignement dans les madrasas. Sa réception a cependant été beaucoup plus importante en Iran, comme on peut s'y attendre. Ses disciples ont très vite pris soin de conserver l'ensemble de son œuvre (les commentaires et les traités indépendants), puis de le transmettre. Les noms de trois d'entre eux se détachent au xviiᵉ siècle : ʿAbd al-Razzāq al-Lāhīǧī († 1661), Muḥsin Fayḍ Kāšānī († 1680), qui n'étaient pas seulement les disciples, mais aussi les gendres du maître, et Qāḍī Saʿīd Qummī († 1691), qui a étudié auprès de Lāhīǧī.

Jusqu'à la fin du xviiiᵉ siècle, l'intérêt s'est plutôt porté sur l'œuvre majeure de Mullā Ṣadrā *Les Quatre Voyages de l'esprit*. Mullā ʿAlī Nūrī († 1831) a été le premier à commenter l'intégralité de son œuvre, et Mullā Hādī Sabzawārī († 1872), celui dont les gloses ont obtenu le plus de succès et le plus grand écho. Il est reconnu jusqu'à aujourd'hui comme le meilleur interprète de Mullā Ṣadrā. Et même au cours du XXᵉ siècle, les œuvres de Mullā Ṣadrā sont encore étudiées. On peut citer notamment Sayyid Muḥammad Ḥusayn Ṭabāṭabāʾī (1903-1981) qui a donné, en plus de nombreuses exégèses du Coran, une nouvelle version intégralement commentée des *Quatre Voyages*.

Cependant, la zone arabophone qui, en grande partie, n'appartenait plus à l'Empire ottoman, n'a pas connu la même évolution. Elle ne connaissait pas vraiment l'École d'Ispahan et n'a pas développé de son côté une pensée philosophique spécifique qui puisse avoir un rayonnement comparable. Si les savants du XVIIIᵉ ou du XIXᵉ s'intéressent à la philosophie, ce n'est généralement que dans le cadre de l'enseignement théologique, par la lecture des manuels habituels. Un exemple éloquent est l'égyptien Ibrāhīm al-Bāǧūrī († 1860) qui a enseigné pendant longtemps à l'université d'al-Azhar et a écrit de nombreux commentaires, sur la théologie, le droit, etc. à destination de ses étudiants. Parmi eux se trouve une glose à *L'Échelle brillante*, le poème didactique sur la logique écrit au début du XVIᵉ siècle par ʿAbd al-Raḥmān al-Aḫḍarī (*cf.* p. 113). Ce faisant, Bāǧūrī a étoffé les textes de base de l'enseignement, mais de manière tout à fait conventionnelle, c'est-à-dire sans ajouter aucune des interprétations innovatrices dont les auteurs ottomans avaient fait preuve entre-temps (*cf.* p. 124 sur Ismāʿīl Gelenbevī).

Lorsque Bāǧūrī écrit ces expositions, la situation culturelle et politique s'est transformée depuis longtemps de manière dramatique. À cette époque, on ne peut dissimuler le fait que les puissances européennes étaient en concurrence constante avec le monde islamique (et aussi avec d'autres régions du monde). Ce fait n'était pas nouveau, car leur hégémonie économique, technique et culturelle était amorcée depuis longtemps. C'est pourquoi la cour ottomane avait déjà commencé au début du XVIIIe siècle à contrer cette progression menaçante en mettant en avant une ouverture culturelle et en s'efforçant de s'approprier le patrimoine et le savoir-faire de l'Europe (par exemple, par des traductions en ottoman). Au XIXe siècle, cette concurrence devient encore plus agressive. En effet, il ne s'agit plus d'argumenter contre des puissances établies sur un autre continent. Les progrès constants des conquêtes européennes (1798-1801 : invasion française de l'Égypte; à partir de 1830, occupation de l'Algérie, etc.) ont conduit à un véritable affrontement dans les pays islamiques.

Les conséquences de cette nouvelle situation sont considérables et ne menacent pas simplement la politique, mais aussi tous les domaines de la vie. Elles concernent notamment la culture, ce qui inclut la philosophie et les autres sciences, pour lesquelles l'affrontement et la guerre intellectuelle contre les idées des Européens ont pris un tour dramatique, en raison de causes internes et externes. Il n'est pas possible de rendre compte avec exactitude, dans le cadre de ce bref panorama, de la manière dont cette guerre d'idées a eu lieu, ni des thèses qui ont été soutenues. Pour cette raison, notre présentation s'en tiendra à souligner quelques points marquants pour l'évolution future de la philosophie. Leur choix est obligatoirement sélectif, mais il permet d'entrapercevoir les mutations du climat intellectuel des XIXe et XXe siècles. En outre, on pourra se rendre compte, sur la base de ces exemples, de la profondeur du bouleversement dans le monde islamique.

Un phénomène évident repose sur le fait que depuis le milieu du XIXᵉ siècle l'étude de la philosophie était liée à des considérations historiques et d'histoire intellectuelle. Les débats se sont cristallisés sur la manière dont « l'Islam » (où il faut entendre aussi bien la religion, la culture et la société islamiques) devait se positionner dans l'Histoire, ou vis-à-vis de la concurrence de la modernité. Pourquoi le monde islamique avait-il perdu la position prédominante d'autrefois ? Quel rôle a joué la religion ou la philosophie dans cette évolution ? Qu'est-ce que cela signifie pour l'incompatibilité de la philosophie et de la religion ? Et quelles conséquences doit-on en déduire en ce qui concerne le contact avec la modernité ? Les réponses, données par des savants tels que Sayyid Aḥmad Khan (1817-1889), Ǧamāl al-Dīn al-Afġānī (1838-1897) et Muḥammad ʿAbduh (1849-1905), dénotent d'une grande ouverture et tolérance, mais elles contiennent aussi des traits apologétiques. D'un côté, leurs thèses enjoignent de recevoir les acquis des sciences modernes et de la technique. De l'autre côté, al-Afġānī et ʿAbduh ont affirmé que l'Islam était depuis toujours (et ce, à la différence du christianisme) une religion rationnelle et orientée vers la rationalité, et qu'elle n'avait qu'à revenir à sa forme originale pour s'armer contre les défis du présent. De telles tentatives d'interprétation témoignent d'un étrange rapport à la modernité. Elles allient une intention d'ouverture à l'égard des avancées scientifiques et techniques à des affirmations axiomatiques et anhistoriques sur leur propre tradition. Cette ambivalence n'est certainement pas une particularité des débats entre les musulmans. On l'observe également en Europe depuis le XIXᵉ siècle où se sont développés différents concepts de modernité et d'antimodernité, qui sont entrés en concurrence ouverte.

Par conséquent, il n'est pas surprenant que les débats dans le monde islamique aient été souvent menés en connaissance des positions occidentales. Cette connaissance variait cependant selon les régions. En Égypte, par exemple, on lisait déjà les œuvres de plusieurs penseurs européens pendant la première moitié du XIX e siècle. En Iran, par contre, qui préservait sa propre tradition philosophique, un seul texte philosophique, *Le Discours de la méthode* de Descartes, a été traduit en persan au cours du XIX e siècle (sous l'impulsion des ambassadeurs français de Téhéran). Sur le long terme, cette évolution a été identique partout : elle a commencé par des contacts limités à certaines idées ou thèses, qui ont conduit ensuite à la réception intégrale de toute la pensée européenne, au milieu du XX e siècle au plus tard.

Un bon exemple de la première étape de cette évolution est un penseur égyptien, dont il a déjà été question : Muhammad 'Abduh. Son célèbre traité *La Théologie de l'unité* est profondément redevable des théories classiques de l'Islam (les asharites et les maturidites), mais ce texte contient également un court examen de l'évolution religieuse de l'humanité qui peut être interprété comme une réponse musulmane à la loi des trois états d'Auguste Comte.

La deuxième phase de cette réception s'est produite, comme on l'a dit, au XX e siècle, où l'on a commencé à étudier de manière systématique les principaux représentants et courants de la philosophie, comme partout dans le monde. Par conséquent, leurs positions ont été régulièrement introduites et elles ont trouvé des interprètes laudatifs ou critiques dans le monde islamique. Cela se manifeste de plusieurs façons, mais il suffit peut-être d'en énumérer quelques exemples. Ainsi Yūsuf Karam (1886-1959), un penseur chrétien, a développé une conception du monde néo-aristotélicienne ou néo-thomiste, Zakī Naġīb Maḥmūd, une philosophie orientée vers le positivisme logique, ʿAbd al-Raḥmān Badawī (1917-2002), est un penseur influencé par l'existentialisme provenant d'Heidegger, et Muḥammad ʿAzīz Laḥbābī (al-Ḥabbābī) (1922-1993), une personnalité qui a repris les thèses d'Henri Bergson.

Ces références sont liées à un autre phénomène important, à savoir la manière dont la philosophie (qui inclut l'Histoire de la philosophie) est devenue une discipline académique, enseignée dans les universités. Or cela n'avait pas toujours été le cas, car la philosophie avait été envisagée, jusque la fin du XIXe siècle, en rapport avec les sciences religieuses. Cela vaut en particulier pour l'Iran, où l'on considère la philosophie comme le couronnement de la pensée métaphysique (chez Sabzawārī et Ṭabāṭabāʾī), mais également pour le monde arabe, où elle était plutôt utilisée comme instrument ou propédeutique à la théologie ou à la science du droit (comme chez Bāǧūrī, ce qui explique l'importance qu'il accorde à la logique). À partir de la seconde moitié du XIXe siècle, cette conception s'est lentement transformée. On a de nouveau commencé à reconnaître à la philosophie son autonomie. Ainsi, la philosophie est introduite en 1867 comme discipline à part entière dans le programme d'étude de l'université d'al-Azhar. Cependant, il faut attendre le XXe siècle pour observer un véritable essor de cette discipline. Un savant du nom du Muṣṭafā ʿAbd al-Rāziq (1883-1947), après avoir étudié au Caire et à Paris, a enseigné à l'université d'al-Azhar, mais s'est également efforcé dans ses *Prolégomènes à l'Histoire de la philosophie islamique* de développer sa propre interprétation de la pensée philosophique dans le monde islamique. La génération qui lui

succède compte de nombreux représentants de la philosophie académique ('Uṯmān Amīn, Maḥmūd al-Ḫuḍayrī,
Ibrāhīm Madkūr (Madkour), 'Abd al-Hādī Abū Rīda, et
entre autres 'Abd al-Raḥmān Badawī, déjà évoqué). Ils
traitent dans leurs études tout autant des traditions européennes qu'islamiques. En outre, ils commencent à éditer les
textes des auteurs anciens, de sorte que les œuvres de Kindī
ou d'Avicenne, entre autres, sont bientôt disponibles sous
forme imprimée (même si elles ne l'ont pas été de manière
intégrale pendant longtemps).

Cela nous amène enfin à notre dernier point, à savoir
les démêlés des penseurs actuels avec leur propre héritage
(turāṯ). C'est probablement l'aspect le plus intéressant du
XXᵉ siècle, car plusieurs problèmes et intérêts s'y croisent : la
portée de la philosophie des siècles précédents, sa signification pour les musulmans d'aujourd'hui, la conscience que les
auteurs contemporains traitant de ce sujet ont d'eux-mêmes,
l'orientation fondamentale des rapports entre l'Islam et la
rationalité, ou entre l'Islam et la modernité, ainsi que la
question récurrente de son identité (collective ou individuelle) et de son authenticité (aṣāla). L'état du problème est
complexe, tout comme les présupposés qui sous-tendent la
discussion. En effet, un coup d'œil vers le passé ne peut pas
déterminer à lui seul les schémas de perception qui ont vu le
jour dans le monde islamique. Il existe également des points
de vue extérieurs qui ont exercé une influence, par exemple le
choix ou la tentative de se référer à telle théorie ou telle
méthode (par exemple l'herméneutique, le structuralisme, la
déconstruction, etc.). En outre, la philosophie islamique est
depuis longtemps devenue un objet pour la recherche en
Occident, dont les résultats et les jugements de valeur

ont développé un effet en retour sur la perception qu'elle a d'elle-même.

En conséquence, le XXe siècle a apporté une multiplicité d'interprétations sur les auteurs islamiques importants que nous avons évoqués (Avicenne, Ġazālī, Averroès, Suhrawardī, Mullā Ṣadrā, etc.). En faire l'étude est une tâche gratifiante, car elle offre de nombreuses explications sur l'Histoire de la philosophie, mais aussi sur la signification que la philosophie revêt pour les intellectuels musulmans aujourd'hui. Dans le cadre de notre étude, nous ne pourrons énumérer que quelques-unes de ces interprétations. Elles sont apparues dans toutes les régions du monde islamique, et elles montrent clairement la manière différente dont chacune se rapporte à son héritage philosophique.

L'une de ces interprétations vient du marocain Muḥammad al-Ġabirī (1936-2000) qui a commencé ses études en 1958 à Damas, et a enseigné à partir de 1967 la philosophie à l'université de Rabat. Il développe ses thèses sur l'histoire culturelle islamique dans plusieurs livres célèbres, et de manière plus détaillée dans sa *Critique de la raison arabe*, en trois volumes. Elles partent du principe – et il a toujours insisté sur ce point – qu'il existe une « fracture épistémologique » entre les régions orientales (*mašriq*) et occidentales (*maġrib*) du monde islamique. En Orient, Ġabirī remarque la tendance à mêler la religion, et même des éléments mystiques et ésotériques, à la philosophie. Le précurseur de cette évolution serait, selon lui, Avicenne, en raison de sa tendance à donner une solution irrationnelle aux problèmes, et son inclination à l'utopie. En Occident au contraire, une tradition de rationalisme critique s'était formée, préparée dès le XIe siècle, et elle avait atteint son point d'orgue avec Averroès. Selon Ġabirī, la manière dont ces positions ont été reçues plus tard est décisive. En effet, leur réception a conduit à une orientation historique dont on observe les conséquences jusqu'à aujourd'hui. Les musulmans ont opté, selon Ğabirī, pour la pensée orientale avicennienne. Par conséquent, leur progrès scientifique a stagné, et après des siècles de marasme, ils ont été en proie à la domination des Européens. Les idées d'Averroès furent mises à l'honneur en un autre lieu : elles ont trouvé le chemin de l'Europe où elles ont exercé une influence insoupçonnée. Elles ont donné en effet, toujours selon Ğabirī, l'impulsion décisive faisant entrer l'Europe dans la modernité parce qu'elles valorisaient les sciences et surtout la manière rationnelle de considérer la réalité.

On observe une tout autre conception de l'Histoire de la philosophie, lorsque l'on considère les interprétations contemporaines des Iraniens. Leur point de référence est naturellement la tradition orientale, critiquée par Ğabirī, et en particulier Mullā Ṣadrā (cf. p. 130-133). Cependant, la pensée de ce dernier n'a jamais été considérée en Iran comme insuffisante, mais bien comme l'achèvement de la philosophie, qui inclut la théorie de la connaissance (compris comme un « réalisme critique ») et l'ontologie (interprétée comme une philosophie de l'existence). En vertu de cette conviction, beaucoup de penseurs iraniens contemporains ont étudié des auteurs européens tels que Kant ou Heidegger. En ce sens, les intentions qui forment le soubassement de leurs interprétations sont radicalement différentes (entre l'approche comparatiste, l'apologie ou la critique de la pensée occidentale). Souvent, la polémique engendre aussi des résultats d'importance philosophique, comme en témoigne l'œuvre de Mahdī Ḥā'irī Yazdī (1923-1999).

Il connaissait l'ensemble de la tradition orientale (Avicenne, Suhrawardī, Mullā Ṣadrā), mais il possédait également une connaissance profonde des auteurs européens (Kant, Russell, Wittgenstein) et américains (James). En effet, Ḥā'irī Yazdī a étudié pendant longtemps aux États-Unis et au Canada (aux universités de Georgetown, Harvard, Michigan et Toronto) et y a exercé une activité académique de professeur, jusqu'à son retour en Iran en 1979. Dans ces conditions, il a commencé à étudier les œuvres des anciens auteurs islamiques. Ce qui lui importe n'est pas tant leur ordre historique que leur contenu philosophique. Cette tentative s'est révélée fructueuse. En effet, sa connaissance des auteurs européens (en particulier Kant) a permis à Ḥā'irī Yazdī de trouver de nouvelles voies d'accès aux textes islamiques de la tradition (comme le *Livre de la guérison* d'Avicenne ou *Les Quatre Voyages* de Mullā Ṣadrā) et de les replacer dans un contexte interprétatif totalement inédit (la métaphysique contre la philosophie transcendantale, l'éthique et la politique contre la philosophie morale, etc.)

Une troisième perspective toute différente, provient des idées que l'on trouve dans l'œuvre riche de Mohammed Arkoun (1928-2010). Arkoun est d'origine algérienne, mais il travaille à Paris où il s'inscrit dans le mouvement des postmodernes français. Cela lui permet d'adopter une « position déconstructiviste, critique et analytique », à la différence de toute la tradition de pensée (islamique et européenne) que nous avons traitée jusqu'ici. Dans un premier temps, cette position l'amène à une critique acerbe de l'idée traditionnelle selon laquelle la pensée islamique se serait exclusivement centrée sur l'apologie, là où la pensée occidentale serait unilatéralement « logocentrée ». De plus, ces deux formes de discours ont depuis longtemps montré qu'elles étaient éphémères et instrumentalisées pour des raisons politiques. Toutefois, Arkoun n'entend pas en rester à l'analyse déconstructiviste. Son but est plutôt de développer une nouvelle rationalité, capable de prendre en compte plusieurs aspects de la pensée (incluant également l'imaginaire toujours déprécié) et de lier la raison religieuse et la raison philosophique. Cela semble à première vue un postulat, mais il s'agit plutôt d'un outil herméneutique qu'Arkoun applique à l'Histoire de la philosophie islamique. Sous le terme de « philosophie » dans le monde islamique (depuis ses commencements), il ne comprend pas une tradition bien déterminée d'autolégitimation, mais une « pensée islamique » qui inclut tout autant des éléments de la pensée théologique, des interprétations et des exégèses religieuses (c'est-à-dire l'exégèse coranique), tout comme des mythes.

Cette approche, ainsi que le modèle interprétatif d'autres penseurs contemporains, qu'ils aient été cités ici ou non, montrent leur effort pour sonder la particularité de la rationalité islamique et la mettre en lumière. C'est pourquoi ces approches se placent consciemment en porte à faux avec les perspectives eurocentrées, ou avec la prétention de monter l'hégémonie de la pensée occidentale. Cette insistance sur la spécificité de la pensée islamique a cependant un prix : elle encourt le risque de perdre l'unité du concept de raison et son rapport au sujet, et d'admettre à la place plusieurs formes de rationalités culturellement déterminées et collectivement localisées, coexistant en parallèle les unes à côté des autres. Cette tendance se remarque chez de nombreux auteurs actuels. C'est pourquoi des voix se sont élevées dans le monde islamique pour prendre explicitement la défense de l'universalité de la raison et de son lien à l'individu.

Nous voudrions, pour finir, présenter ces deux aspects. L'un des plus importants défenseurs de l'universalité de la raison est le philosophe syrien Ṣādiq al-ʿAẓm (né en 1934) qui est devenu célèbre à la fin des années soixante parce qu'il a écrit juste après la guerre des Six Jours, vécue comme une catastrophe par les Arabes et comme une remise en question fondamentale, une *Autocritique après la défaite*, et un peu plus tard un autre ouvrage, encore plus essentiel : *La Critique de la pensée religieuse*. Dans ces livres, tout comme dans ses œuvres plus tardives, ʿAẓm défend l'idée que la raison théorique et pratique est un bien indivisible que tous les hommes ont en partage. À l'opposé, la pensée motivée par la religion ne peut que réaliser des aspects particuliers de la rationalité, dans la mesure où elle est toujours contaminée par d'autres prétentions à la vérité (islamiques, chrétiennes, etc.) et dépend de différents intérêts sociaux. Cependant, la religion n'empêche pas, selon ʿAẓm, les lumières de la raison, du moins pas du point de vue historique. Cela est évident sur le sujet de l'« humanisme séculaire » qui représente pour lui la fin universelle. Du point de vue « dogmatique », il est incompatible avec l'Islam, tout comme avec le christianisme, mais du point de vue « historique », il est compatible avec l'Islam, comme cela s'est également produit avec la chrétienté.

Un avocat dévoué de la cause est, pour finir, le Syrien Adonis (le pseudonyme de ʿAlī Aḥmad Saʿīd), né en 1930. Il est un poète célèbre, mais il est aussi l'auteur de nombreux essais philosophiques qui en ont fait une voix importante dans les débats actuels. Pour Adonis, il n'existe pas de culture islamique ou arabe intemporelle, mais seulement des phénomènes historiquement déterminés. La particularité de l'Histoire islamique ou arabe est d'avoir mené à la « perte du moi », pour lui substituer par la suite le fantôme d'une identité collective, ce qui doit être contrecarré par « la renaissance présente du je ». Cela garantit à Adonis un laissez-passer de rationalité et de modernité. En outre, il pense pouvoir reconnaître cette modernité chez les anciens poètes et philosophes. Le meilleur exemple reste pour lui Abū Bakr al-Rāzī, le penseur anticonformiste du début du Xe siècle, ce qui prouve de manière stupéfiante qu'un philosophe marginalisé pendant des siècles peut, dans un cadre culturel et social renouvelé, revêtir à nouveau une place de première importance.

CHRONOLOGIE

La chronologie reprend certains penseurs (ainsi que quelques-unes de leurs œuvres) qui ont joué, dans l'état de nos connaissances actuelles, un rôle prépondérant dans l'Histoire de la philosophie.

VIIIe siècle	Début de l'entreprise de traduction du grec à l'arabe vers 750

VIIIe siècle   Début de l'entreprise de traduction du grec à l'arabe vers 750

IXe siècle   Abū Yūsuf al- Kindī († vers 865)
     La philosophie première (Fī l-Falsafa al-ūlā)
     De l'intellect (Fī l-'Aql)

Xe siècle   Abū Bakr al-Rāzī († 925)
   Abū Naṣr al-Fārābī († 950)
     Les principes des opinions des habitants de la cité vertueuse (Mabādi' ārā' ahl al-madīna al-fāḍila)
     Les particules (Sur les termes utilisés en logique) (al-Ḥurūf)
   Les frères de la pureté (de Bassora) (deuxième moitié du Xe siècle)
     Les Épîtres des frères de la pureté (Rasā'il Iḫwān al-Ṣafā')

XIe siècle   Miskawayh († 1030)
     Le raffinement du caractère (Tahḏīb al-aḫlāq)
   Avicenne († 1037)
     Le livre de la guérison (al-Šifā')

> *Le livre des directives et des remarques (al-Išārāt*
> *wa-l-tanbīhāt)*

XIIe siècle   Abū Ḥāmid al-Ġazālī († 1111)
> *L'Incohérence des philosophes (Tahāfut al-falāsifa)*
Ibn Bāǧǧa († 1139)
> *Le régime du solitaire (Tadbīr al-mutawaḥḥid)*
Ibn Ṭufayl († 1185)
> *Le vivant fils du voyant (Ḥayy ibn Yaqẓān)*
Suhrawardī († 1191)
> *La sagesse illuminative (Ḥikmat al-Išrāq)*
Averroès († 1198)
> *L'Incohérence de l'incohérence (Tahāfut al-tahāfut)*
> *Traité décisif (Faṣl al-maqāl)*

XIIIe siècle   Faḫr al-Dīn al-Rāzī († 1210)
> *Commentaire au livre des directives et des*
> *remarques d'Avicenne (Šarḥ al-Išārāt wa-l-*
> *tanbīhāt)*

Prise de Bagdad par les Mongols (1258)

Aṯīr al-Dīn al-Abharī († vers 1265)
> *Introduction à la logique (al-Īsāġūǧī fī l-manṭiq)*
> *Le guide de la philosophie (Hidāyat al-ḥikma)*
Naṣīr al-Dīn al-Ṭūsī († 1274)
> *L'Éthique à Nāṣir (Aḫlāq-i Nāṣirī)*
> *La résolution des problèmes des* Directives
> (d'Avicenne) *(Ḥall muškilāt al-Išārāt)*
Naǧm al-Dīn al-Kātibī († 1277)
> *Les principes de la logique, pour Šams al-Dīn*
> *(al-Risāla al-Šamsiyya fī l-qawā'id al-manṭiqiyya)*
> *La sagesse du point de vue des choses essentielles*
> *(Ḥikmat 'ayn al-qawā'id)*
Sirāǧ al-Dīn al-Urmawī († 1283)
> *Les lieux de manifestation des lumières (Maṭāli'*
> *al-anwār)*

Ibn Kammūna († 1284)
Šams al-Dīn al-Šahrazūrī († 1288)

XIVᵉ siècle   Badr al-Dīn al-Tustarī († 1307)
*Les controverses (entre les commentaires aux Išārāt
de Faḫr al-Dīn al-Rāzī et de Naṣīr al-Dīn al-Ṭūsī)
(al-Muḥākamāt)*
Quṭb al-Dīn al-Šīrāzī († 1311)
ʿAḍud al-Dın al-Īǧī († 1355)
Quṭb al-Dīn al-Taḥtānī († 1364)
*Les controverses (entre les commentaires aux Išārāt
de Faḫr al-Dîn al-Rāzī et de Naṣīr al-Dīn al-Ṭūsī)
(al-Muḥākamāt)*
Saʿd al-Dīn al-Taftāzānī († 1390)

XVᵉ siècle   Ibn Ḫaldūn († 1406)
al-Šarīf al-Ǧurǧānī († 1413)

Prise de Constantinople par les Ottomans (1453)

ʿAlāʾ al-Dīn al-Ṭūsī († 1482)
*Le trésor (au sujet de la controverse entre al-Ġazālī
et Averroès) (al-Ḏaḫīra)*
Ḫōǧazāde († 1488)
*L'Incohérence des philosophes (au sujet de la
controverse entre al-Ġazālī et Averroès) (Tahāfut
al-falāsifa)*
Ṣadr al-Dīn Muḥammad al-Daštakī († 1497)

XVIᵉ siècle   Ibn Abī Ǧumhūr al-Aḥsāʾī († 1501)
Ǧalāl al-Dīn al-Dāwānī († 1502)
L'Éthique de Ǧalāl (Aḫlāq-i Ǧalālī)
Šams al-Dīn Muḥammad al-Ḥafrī († 1535)
Naǧm al-Dīn Maḥmūd al-Nayrīzī († après 1536)
Ġiyāṯ al-Dīn Manṣūr al-Daštakī († 1542)

XVIIᵉ siècle Mīr Dāmād († 1630)
Mullā Ṣadrā († 1640)
Les Quatre Voyages (de l'esprit) (al-Asfār al-arbaʿa)

'Abd al-Razzāq al-Lāhīǧī († 1661)
Muḥsin Fayḍ Kāšānī († 1680)
Qāḍī Saʿīd Qummī († 1691)

XVIIIᵉ siècle Ismāʿīl Gelenbevī († 1791)
              La preuve dans la science du critère (de la pensée)
              (al-Burhān fī ʿilm al-mīzān)

              Invasion et colonisation de l'Égypte par les Français
              (1798-1801)

XIXᵉ siècle   Mullā ʿAlī Nūrī († 1831)
              Ibrāhīm al-Bāǧūrī († 1860)
                  Commentaire des Quatre voyages de Mullā Ṣadrā
                  par Mullā Hādī Sabzawārī († 1872)
              Début de la réception de la philosophie européenne,
              commencement des discussions sur le statut histo-
              rique de l'Islam, sur sa rationalité et son rapport à la
              modernité (par exemple, Sayyid Aḥmad Khan, Ǧamāl
              al-Dīn al-Afġānī, Muḥammad ʿAbduh)

XXᵉ siècle   La philosophie et l'Histoire de la philosophie
              deviennent des disciplines académiques (premier titu-
              laire de la chaire en Égypte à partir de 1927 : Muṣṭafā
              ʿAbd al-Rāziq)
              Nombreuses traductions des œuvres européennes,
              réception des courants et des thèses philosophiques,
              participation à des débats philosophiques contem-
              porains.
              À partir de la moitié du XXᵉ siècle, et notamment à
              partir de 1967, polémique au sein de leur propre
              héritage philosophique, controverses sur l'identité,
              l'authenticité, la modernité et l'opposition entre raison
              islamique et raison universelle, etc. (par exemple :
              Mohammed Arkoun, Muḥammad al-Ǧābirī, Ḥāʾirī
              Yazdī, Adonis, Ṣādiq al-ʿAẓm et beaucoup d'autres
              auteurs).

BIBLIOGRAPHIE

Généralités

DAIBER, H., *Bibliography of Islamic Philosophy*, 3 tomes, Leiden, 1999-2007.

ADAMSON, P., TAYLOR, R. C. (éd.), *The Cambridge Companion to Arabic Philosophy*, Cambridge, 2005.

KOETSCHET, Pauline, *La philosophie arabe IXᵉ-XIVᵉ siècle*, Paris, Seuil, 2011.

RUDOLPH, U. (éd.), *Grundriss der Geschichte der Philosophie, Philosophie in der islamischen Welt*, I : 8-10. Jahrhundert, Bâle, 2012.

Sur le premier chapitre

GUTAS, D., *Pensée grecque, culture arabe. Le mouvement de la traduction gréco-arabe à Bagdad et la société abbasside primitive. IIᵉ-IVᵉ et VIIIᵉ-Xᵉ siècle*, trad. Abdelassam Cheddadi, Aubier, Paris, 2005.

GOULET, R., RUDOLPH, U., *Entre Orient et Occident : la philosophie et la science gréco-romaines dans le monde arabe*, Vandœuvres-Genève, Droz, 2011.

Sur le chapitre II

IVRY, A. L., *Al-Kindi's Metaphysics. A Translation of Yaʿqūb al-Kindī's Treatise "On First Philosophy" (fī al-Falsafah al-ūlā)*, State University of New York Press, Albany 1974.

JOLIVET, J., RASHED, R., *Œuvres philosophiques et scientifiques d'Al-Kindī. Volume II. Métaphysique et Cosmologie*, Brill, Leiden-Boston-Köln, Brill, 1998.

ADAMSON, P., *Al-Kindī*, Oxford University Press, Oxford-New York, 2007.

Sur le chapitre III

STROUMSA, S., *Freethinkers of Medieval Islam : Ibn al-Rāwandī, Abū Bakr al-Rāzī, and Their Impact on Islamic Thought*, Leiden, Brill, 1999.

BRAGUE, R. (trad.), *Muhammad Ibn Zakariyyâ al-Razi (Rhazès), La médecine spirituelle*, présentation et trad. par R. Brague, Paris, GF Flammarion, 2003.

Sur le chapitre IV

AL-FĀRĀBĪ, *Philosopher à Bagdad au Xᵉ siècle*, présentation et dossier par A. Benmakhlouf, trad. par St. Diebler, glossaire par P. Koetschet, bilingue arabe-français, Paris, Points-Seuil, 2007.

– *Épître sur l'Intellect*, trad. D. Hamzah, Paris, L'Harmattan, 2001.

– *Traité des opinions des habitants de la cité idéale*, trad. T. Sabri, Paris, Vrin, 1990.

WALZER R. (trad.), *Al-Fārābī on the Perfect State. Abū Naṣr al-Fārābī's Mabādi' Ārā' Ahl al-Madīna al-Fāḍila*, A revised Text with Introduction, Translation and Commentary by R. Walzer, Oxford, Clarendon Press, 1985.

LAMEER, J., *Al-Fārābī and Aristotelian Syllogistics*, Brill, Leiden, 1994.

FAKHRY, M., Al-Fārābī, *Founder of Islamic Neoplatonism, His Life, Works and Influence*, Oxford, Oneworld Publications, 2002.

VALLAT, P., *Farabi et l'École d'Alexandrie. Des prémisses de la connaissance à la philosophie politique*, Paris, Vrin, 2004.

ADAMSON, P. (éd.), *In the Age of al-Fārābī. Arabic Philosophy in the Fourth/Tenth Century*, London, Warbourg Institute, 2004.

Sur le chapitre V

DIWALD, S., *Arabische Philosophie und Wissenschaft in der Enzyklopädie*, Wiesbaden, O. Harrassowitz, 1975.

KRAEMER, J., *Philosophy in the Renaissance of Islam. Abū Sulaymān al- Sijistānī and his circle*, Leiden, Brill, 1996.

DE SMET, D., *La quiétude de l'intellect. Néoplatonisme et gnose ismaélienne dans l'œuvre de Ḥamîd ad-Dîn al-Kirmânî (X^e-XIe siècle)*, Leuven, Brill, 1995.

WAKELNIG, E., *Feder, Tafel, Mensch. Al-'Āmirīs Kitāb al-Fuṣūl fī l-Ma'ālim al-ilāhīya und die arabische Proklos-Rezeption im 10. Jh.*, Leiden, Brill, 2006.

Sur le chapitre VI

AVICENNE, *Le livre des Directives et des remarques*, trad. A.-M. Goichon, Paris, Vrin, 1re éd., 1960 ; rééd. 1999.

– *Le livre de la science*, traduit par M. Achena, H. Massé, Paris, Les Belles Lettres, 1955-1958 ; Paris, Les Belles Lettres-Unesco 1986.

– *La Métaphysique du Shifā'. Livres I à V*, trad., introduction, notes et commentaires par G. C. Anawati, Vrin, Paris 1978 ; Avicenne, *La Métaphysique du Shifā'. Livres de VI à X*, trad., notes et commentaires par G. C. Anawati, Paris, Vrin, 1985.

– *Commentaire sur le livre Lambda de la Métaphysique d'Aristote*, éd. critique, trad. et notes par M. Sebti, M. Geoffroy et J. Janssens, Paris, Vrin, 2014.

GUTAS, D., *Avicenna and the Aristotelian Tradition*, Leiden, Brill, 1998.

STROHMAIER, G., *Avicenna*, München, C.H. Beck, 1999.

WISNOVSKY, R., *Avicenna's Metaphysics in Context*, Ithaca (N. Y.), Cornell University Press, 2003.

MARMURA, M. E. (trad.), *Avicenna. The Metaphysics of* The Healing, Provo, Utah, Brigham Young University Press, 2005.

BERTOLACCI, A., *The Reception of Aristotle's Metaphysics in Avicenna's Kitāb al-Shifā'. A Milestone of Western Metaphysical Thought*, Leiden, Brill, 2006.

Sur le chapitre VII

FRANK, R. M., *Al-Ghazālī and the Ash'arite School*, Durham, Duke University Press, 1994.

MARMURA, M. E. (trad.), *Al-Ghazālī. The Incoherence of the Philosophers*, Provo, Utah, Brigham Young University Press, 1997.

GRIFFEL, F., *Al-Ghazālī's Philosophical Theology*, Oxford, Oxford University Press, 2009.

Sur le chapitre VIII

LETTINCK, P., *Aristotle's Physics and its Reception in the Arabic World*, Leiden, Brill, 1994.

Sur le chapitre IX

AUFFRET, S., *Le Philosophe autodidacte*, adaptation de la traduction de l'arabe par Léon Gauthier, en collaboration avec Ghassan Ferzli, Paris, Mille et une Nuits, 1999.

CONRAD, L. (éd.), *The World of Ibn Ṭufayl*, Leiden, Brill, 1996.

SCHAERER, P. (trad.), *Abū Bakr Ibn Ṭufail. Der Philosoph als Autodidakt : Ḥayy ibn Yaqẓān*, Hambourg, Meiner, 2004.

Sur le chapitre X

AVERROÈS, *Commentaire moyen à la* Rhétorique *d'Aristote (Talḫīṣ al-Ḫaṭāba, 1176)*, édition critique du texte arabe et trad. par M. Aouad, 3 vol., « Textes et traditions » 5, Paris, Vrin, 2002.

– *Grand commentaire sur la* Métaphysique *d'Aristote (Tafsīr mā baʿd al-ṭabīʿat, entre 1182-1193)* : *Grand commentaire sur la* Métaphysique (livres II, c.à.d. B), trad. L. Bauloye, Paris, Vrin, 2003.

– *Grand commentaire sur la* Métaphysique (livres XI et XII), trad. M. Aubert, Paris, Les Belles Lettres, 1984.

– *Grand Commentaire de la* Métaphysique *d'Aristote, livre lām-lambda* traduit de l'arabe et annoté par A. Martin, Paris, Les Belles Lettres, Paris 1984.

– *Grand commentaire du* De anima*, livre III (429a10 – 435b25) (Tarḥ kitāb al-nafs, 1186)*, introduction, trad. et notes par A. de Libera, Paris, GF-Flammarion 1974, 1998.

- *Moyen commentaire du* De interpretatione *d'Aristote (Talḫīṣ kitāb al-'ibāra)*, trad. A. Benmakhlouf et S. Diebler, *Commentaire moyen sur le* De interpretatione, Paris, Vrin, 2000.
- *Dévoilement des méthodes de démonstration des dogmes de la religion musulmane (Al-Kašf 'an manāhiǧ al-adilla, 1180)*, trad. partielle M. Geoffroy, in Alain de Libera, *Averroès. L'Islam et la raison*, Paris, Garnier-Flammarion, 2000, p. 97-160.
- *Discours décisif sur l'accord de la religion et de la philosophie (Faṣl al-maqāl fīmā bayn al-'arī'a wa-l-ḥikma min al-ittiṣāl, 1179)*, trad. M. Geoffroy, Paris, Garnier-Flammarion, 1996.
- *La béatitude de l'âme*, trad. M. Geoffroy et C. Steel, Paris, Vrin, 2002.
- *Incohérence de l'incohérence*, trad. partielle M. Geoffroy, dans A. de Libera, *Averroès. L'Islam et la raison*, Paris, Garnier-Flammarion, 2000, p. 167-204.

LEAMAN, O., *Averroes and his Philosophy*, Oxford, Clarendon Press, 1988.

LIBERA, A. (De), *Averroès. L'intelligence et la pensée. Sur le* De anima *d'Aristote*, présentation et trad. inédite par A. de Libera, Paris, GF-Flammarion, 2ᵉ édition corrigée 1998.

URVOY, D., *Ibn Rushd (Averroes)*, London, 1991.

ENDRESS, G., Aertsen, J. A. (éd.), *Averroes and the Aristotelian Tradition*, Leiden, Brill, 1999.

WIRMER, D. (trad.), *Averroes. Über den Intellekt. Arabisch-Lateinisch-Deutsch*, Freiburg i. Br., Herder, 2008.

GLASNER, R., *Averroes' Physics. A Turning Point in Medieval Natural Philosophy*, Oxford, Oxford University Press, 2009.

SCHUPP, F. (trad.), *Die entscheidende Abhandlung und die Urteilsfällung über das Verhältnis von Gesetz und Philosophie*, Hambourg, Meiner, 2009.

GRIFFEL, F. (trad.), *Muḥammad ibn Aḥmad Ibn Rushd. Maßgebliche Abhandlung. Faṣl al-maqāl*, Berlin, Suhrkamp, 2010.

SCHAERER, P. (trad.), Averroes (Ibn Rushd). *Die entscheidende Abhandlung oder die Bestimmung des Zusammenhangs zwischen religiösem Gesetz und Philosophie. Zusatz. Die*

Untersuchung über die Methoden der Beweise im Rahmen der Religösen Glaubenssätze, Stuttgart, 2010.

ADAMSON, P. (éd.), *In the Age of Averroes. Arabic Philosophy in the Sixth/Twelfth Century*, London, 2011.

Sur le chapitre XI

SOHRAWARDI (Shihabaddin Yahya). *Œuvres philosophiques et mystiques (Opera metaphysica et mystica II)*, Paris et Téhéran, Institut franco-iranien, Paris, Maisonneuve :

– Vol. I. 1 : *La théosophie de l'Orient des lumières* (arabe); 2 : *Le symbole de foi des philosophes* (arabe); 3 : *Le récit de l'exil occidental* (arabe et persan). Prolégomènes en français et édition critique par H. Corbin, 1952.

– Vol. II. Édition avec une introduction par Seyyed Hossein Nasr, prolégomènes, analyses et commentaires par H. Corbin, 1970.

L'Archange empourpré. Quinze traités et récits mystiques, trad. du persan et de l'arabe par H. Corbin, Paris, Fayard, 1976.

ZIAI, H., *Knowledge and Illumination. A Study of Suhrawardī's Ḥikmat al-Ishrāq*, Atlanta, Scholars'Press, 1990.

AMINRAZAVI, M., *Suhrawardi and the School of Illumination*, Provo, Curzon, 1997.

CORBIN, H., *En Islam iranien : aspects spirituels et philosophiques*, vol. II : *Sohrawardi et les Platoniciens de Perse*, Paris, Gallimard, 1971.

WALBRIDGE, J., Ziai, H. (trad.), *Suhrawardī. The Philosophy of Illumination*, Provo, Utah, Brigham Young University Press, 1999.

SINAI, N. (trad.), *Shihāb al-Dīn al-Suhrawardī. Philosophie der Erleuchtung, Ḥikmat al-ishrāq*, Berlin, Suhrkamp, 2011.

Sur le chapitre XII

HALLAQ, W. B., *Ibn Taymiyya against the Greek Logicians*, Oxford, Clarendon Press, 1993.

CHITTICK, W., *Imaginal Worlds. Ibn al-'Arabī and the Problem of Religious Diversity*, Albany, SUNY, State University of New York Press, 1994.

STREET, T., « Arabic Logic », dans : Gabbay, D., Woods, J. (éd.), *The Handbook of the History and Philosophy of Logic*, vol. 1 : *Greek, Arabic and Indian Logic*, Amsterdam, Elsevier, 2004, p. 523-596.

SHIHADEH, A., *The Teleological Ethics of Fakhr al-Dīn al-Rāzī*, Leiden, Brill, 2006.

Sur le chapitre XIII

POURJAVADY, N., Vesel, Z., (éd.), *Naṣīr al-Dīn Ṭūsī : philosophe et savant du XIIIᵉ siècle*, Téhéran, Institut français de recherche à Téhéran, 2000.

SCHMIDTKE, S., *Theologie, Philosophie und Mystik im zwölferschiitischen Islam des 9./15. Jahrhunderts. Die Gedanken des Ibn Abī Ǧumhūr al-Aḥsā'ī*, Leiden, Brill, 2000.

POURJAVADY, R., Schmidke, S., *A Jewish Philosopher of Bagdad. 'Izz al-Dawla Ibn Kammūna (d. 683/1284) and His Writings*, Leiden, Brill, 2006.

EL-ROUAYHED, K., *Relational Syllogisms and the History of Arabic Logic*, Leiden, Brill, 2010.

Sur le chapitre XIV

MULLĀ ṢADRĀ, *Le livre des pénétrations métaphysiques (Kitab al-Masha'ir)*, introduction et trad. par H. Corbin, Téhéran, Maisonneuve, 1964 ; rééd. Verdier, 1988.

RAHMAN, F., *The Philosophy of Mullā Ṣadrā*, Albany, SUNY, State University of New York Press, 1975.

BAGHER-TALGHARIZADEH, S. M., *Die Risāla fī l-ḥudūṭ (Die Abhandlung über die Entstehung) von Ṣadr al-Dīn Muḥammad Ibn Ibrāhīm aš-Širāzī (1572-1640), Mit Übersetzung und Erläuterung*, Berlin, K. Schwarz, 2000.

CHITTICK, W. C. (trad.), *Mullā Ṣadrā. The Elixir of the Gnostics*, Provo, Utah, Brigham Young University Press, 2003.

RIZVI, S. H., *Mullā Ṣadrā and Metaphysics. Modulation of Being*, London, Routledge, 2009.

POURJAVADY, R., *Philosophy in Early Safavid Iran. Najm al-Dīn Maḥmūd al-Nayrīzī and His Writings*, Leiden, Brill, 2011.

SAATCHIAN, F., *Gottes Wesen- Gottes Wirken. Ontologie und Kosmologie im Denken von Šams-al-Dīn Muḥammad al-Ḥafrī (gest. 942/1535)*, Berlin, K. Schwarz, 2011.

Sur le chapitre XV

ARKOUN, M., *Essais sur la pensée islamique*, Paris, Maisonneuve et Larose, 1975.

– *Pour une critique de la raison islamique*, Paris, Maisonneuve et Larose, 1984.

HÀ'ERÎ YAZDÎ, M., *The Principle of Epistemology in Islamic Philosophy. Knowledge by Presence*, New York, 1992.

AL-AZM, S. J., *Unbehagen in der Moderne. Aufklärung im Islam*, Leiden, Brill, 1994.

KÜGELGEN, A. (von), *Averroes und die arabische Moderne. Ansätze zu einer Neubegrundung des Rationalismus im Islam*, Leiden, Brill, 1994.

HELLER, E., MOSBAHI, H. (éd.), *Islam – Demokratie – Moderne. Aktuelle Antworten arabischer Denker*, München, C.H. Beck, 1998 (avec, entre autres, deux articles d'Adonis)

HAJATPOUR, R., *Iranische Geistlichkeit zwischen Utopie und Realismus. Zum Diskurs über Herrschaft- und Staatsdenken im 20 Jahrhundert*, Wiesbaden, Reichery, 2000.

HENDRICH, G., *Islam und Aufklärung. Der Moderndiskurs in der arabischen Philosophie*, Darmstadt, Wissenschaftliche Buchgesellschaft, 2004.

GÜNTHER, U., *Mohammed Arkoun. Ein moderner Kritiker der islamischen Vernunft*, Wüzburg, Ergon, 2004.

AL-AZM, S. J., *Islam und säkularen Humanismus*, Tübingen, Mohr Siebeck, 2005.

AL-ĠĀBIRÎ, Muḥammad, (al-Djâbirî, Muhammad), *Kritik der arabischen Vernunft, Die Einführung*, Berlin, Perlen Verlag, 2009.

DHOUIB, S. (éd.), *Arabisch-islamische Philosophie der Gegenwart*, Concordia, *Internationale Zeitschrift für Philosophie* 59 (2011).

INDEX NOMINUM

INDEX DES ŒUVRES CITÉES

TABLE DES MATIÈRES

Imprimé en France par CPI
en novembre 2015

Dépôt légal : novembre 2015
N° d'impression : 132070